叢書・ウニベルシタス　1116

偶発事の存在論

破壊的可塑性についての試論

カトリーヌ・マラブー
鈴木智之 訳

法政大学出版局

偶発事の存在論——破壊的可塑性についての試論　目次

凡例

一、本書は Catherine Malabou, *Ontologie de l'accident, Essai sur la plasticité destructrice*, Éditions Léo Scheer, 2009. の全訳である。

二、原文の « » は「 」とする。イタリックは傍点などで強調し、書名は『 』とする。

三、原注は（ ）にアラビア数字を付けて本文の傍注とし、訳注は〔 〕で漢数字を付けて各章末に付ける。注はいずれも章毎に番号を振り直す。なお、本文中の〔 〕は訳者が読者の便宜を考慮して新たに挿入したものである。

四、引用で、邦訳があるものはそれを参照しつつも、原著者の引用の文脈を考慮して訳者があらためて訳し直したり、表記をあらためたものがある。

「出来事の産出のなかに、偶発性（aléa）をカテゴリーとして導き入れることを受け入れなければなりません。そこもまた、偶然と思考の関係を考えることを可能にする理論の不在が感じられるのです」

（ミシェル・フーコー『言説の領界』）

ほとんどの場合、人生は川の流れのように進んでいく。その人生において経験される変化や変貌は、不運や困難の結果として生じたり、単に物事の自然な成り行きにしたがって生じたりするのであるが、それらは連続的な達成の節目や起伏として現れ、ほぼ必然的に、死に至るまでつながっていく。時の経過のなかで、人は結局、自分自身になっていくのであり、自分以外のものにはなれない。身体や精神の変容は、持続的な同一性を強化するのであって、それを誇張して見せたり、硬直させたりするとしても、決してそれに異を唱えるわけではない。それは、持続的な同一性を混乱させるわけではない。

このように実存的にも生物学的にも漸進的に変わっていく傾向は、主体を、それ自身の内で変化させるだけなのだが、この同一性そのものの爆発的変形の可能性を忘れさせるものではないだろう。その可能性は、肌に密着したスポーツウェアの下に自爆犯が隠し込んだダイナマイトのように、つやつやとして滑らかな外見の下に身を潜めている。重篤な外傷的経験の帰結として、また時にはほんの些細なことが原因であっても、道筋は分岐し、それまでは見たことのなかった新しい人物が現れ、古い人物と共存するようになり、ついには完全に取って代わってしまう。同じ人とは思えないその人物の現在は、いかなる過去にも由来せず、その将来には前途の見通しがない。絶対的な実存的即興。偶発事から、偶然に生まれるひとつの形。一種の偶発的存在。妙な輩《やから》。遺伝的な異常からは、その出現にまったく説明をつけることができない怪物。新しい人間が、生活史の中に開かれた深い溝から、再びこの世界に現れ出る。

時間をかけて作り上げられてきた雪だるま、ごろごろと転がっていくうちに大きくなり、膨れ上がり、完成されていく雪の塊を、不意に突き崩してしまうような変容が起こることがある。傷を負ったことから、あるいは何でもないようなことから、それ以前の姿からは切り離されたかのように、見知らぬ人が現れる。その人の姿は、うまく解消されなかった幼年期の葛藤から生まれたのでも、無意識へと抑圧されたものの影響で生じたのでも、亡霊の突然の回帰によってもたらされたのでもない。テロリストの襲撃のような変化が存在するのだ。私はこれまでにもずっと、この破壊的可塑性の現象、分割された同一性について、アルツハイマー病者の突然断ち切られ打ち捨てられたような同一性、ある種の脳損傷患者や、戦争で外傷的経験を負った人や、自然あるいは政治がもたらした破局的な出来事の犠牲者たちの、感情的な無関心について論じてきた。確認しておかなければならないこと、知っておいていただかなければならないこと。それは、私たちの誰もが、ある日別人に、まったくの別人に、それまでの自分とは決して折り合いをつけることができないような何者か、贖いも償いもなく、遺された意志ももたず、劫罰を受けて時間の外へと突き落とされたかのような何者かになりうるということである。この系譜なき存在のありようは、二十世紀の神秘主義的倫理学が語る絶対的に他なるものとは何の関係もない。私が語るまったくの他人（le Tout-Autre）は、他者（Autrui）とはどこまでも無縁のものである。

ほとんどの場合、人生は川の流れのように進んでいく。しかし時に、その人生は川床を離れてしまうことがある。いかなる地質学的な理由も、地下に潜んでいた伏流も、この増水あるいは氾濫を説明することができない。突然軌道を逸れ、方向を変えられてしまったその人生の形は、爆発的な可塑性を示している。

科学、医学、芸術において、また教育の領域において、「可塑性」という言葉の用法は常に肯定的《ポジティヴ》である。それは形を受け取ることと与えることとの均衡を指している。可塑性は、私たちの同一性を形作る自然の彫刻の働きのようなものとして理解されている。それは、経験とともに造形され、私たちをひとつの歴史、出来事に溢れ、余白をもち、将来につながっていく固有の、認められ、同定されうるような歴史の主体へと仕立て上げていく。例えば「脳の可塑性」という表現で破壊（数多くの脳の損傷や多種多様な心的外傷経験のあとに生じる破壊）の否定的な作用が言い表されるとは、誰も思わないだろう。神経接続の変形、脳神経の連絡の切断は、神経学では可塑性の事例とはみなされない。可塑性が語られるのは、神経接続の量や形に変化が生じ、それが人格の構成において意味をもつ場合に限られている。

誰も、破壊による可塑的な造形については、進んで考えたがらない。しかし、破壊もまた形を与える。殴られて歪んでいても、それは顔である。四肢の切断は、ひとつの体形をもたらす。外傷的経験を負った心も、ひとつの心であり続ける。破壊はそれ自らの彫刻刀を備えている。

可塑的構築が何らの否定性もともなわずに生じるわけではないことは、広く認められるところであろう。もう一度、神経生物学の事例を挙げれば、シナプスの接続の強化、その大きさや量の増加は、科学者たちが「長期増強（一）」と呼ぶものの産物であり、その接続が定期的に引き起こされることによって生まれる。例えば、ピアノを習い、練習する過程がそれにあたる。しかし、この現象は必然的に、その逆の一面をともなう。つまり、同じような接続がほとんど、あるいはまったく引き起こされない時には、それは減少し、「長期抑圧」が生じる。子ども時代に比べて、大人になってから楽器の演奏を習うのが難しいのは、これによって説明される。したがって、構築はある形の破壊と拮抗関係にある。そのことは認められているのだ。すべての創造は、他面での破壊を代償としてはじめて行われる。これは生命の基本法則である。その法則は生を妨げているのではなく、むしろそれを可能にしている。生物学者ジャン・クロード・アメゼンが記しているように、自己が造形されていくためには、細胞死、〔二〕アポトーシス、すなわち、あらかじめプログラムされている細胞の自殺現象が必要である。例えば、指が形作られるためには、同時に、指と指のあいだが切り開かれなければならない。そして、アポトーシスが間質的な空白を生み出し、それによって指が互いに離れることが可能になるのである。

有機的物質は、彫刻家が扱う粘土や大理石と同様に、くずや削りかすを生み出す。しかし、こうした有機体の廃棄は、生命体の形を作り上げるためにどうしても必要なものであり、それは最終的に、廃棄されたものの消失を代価として、はっきりとした形をなして現れるのだ。ここでもまた、この種の破壊は肯定的可塑性を妨げるものではなく、むしろその条件をなしている。その破壊があるから、達成された形が明確で強固なものになるのだ。破壊もまた、それなりの形で生きていく力を形作る。精神分析学でも神経学でも、脳の可塑性、心《プシケ》の可塑性は、変わることのできる力と同一のものにとどまる能力のあいだ、未来と記憶のあいだ、形式の受容と贈与のあいだの巧みな均衡を保っている。

爆破の可能性、この均衡の消失の可能性、この能力、この形、この強さ、同一性一般の解体の可能性については、まったく事情が異なる。テロリズムはアポトーシスとは別物である。すでに述べたように、一般的に、このような〔破壊の〕場面では、人々はもはや可塑性を論じない。しかし、解体的で破壊的な破裂を起こしうるだけの力を、私たちの誰もが潜在的に備えており、それはいつ顕在化し、形をなし、現働化するかもしれないのだが、どの領域でもまったく名づけられていない。

主体性や同一性が存在論的かつ実存的に爆発してしまう可能性は、これまで一度もそれ自体において特定されていない。接近されても回避され、しばしば空想文学のなかでは認められるが、現実の世界に再び送り返されることはない。精神分析学からは見放され、哲学からは無視され、神経学でも固有の名を与えられない、病理的可塑性、修復されざる可塑性、埋め合わせることも縫い合わせることもできない可塑性の現象。それは、人生のつながりを、もはや再び結び合うことのない二つの、あるいは複数の部分に断ち切る。しかし、その現象は固有の現象学を有しており、それを書き記すことが求められている。

そう、それは現象学なのだ。損傷と断絶が生じたときに、何かが姿を見せる。通常の創造的な可塑性は、その何かに接近することも、それを具現化することもできない。主体の逃亡。個人存在は自らよそよそしいものとなってどこかにいなくなってしまう。もうそこには、誰の姿も認められない。自分を自分として認めることができない。自分で自分を想い起こすことができない。したがって、このような存在は古いものに新しい形を押しつける。媒介も移行もなく、つなぎとなるものも互いに相入れるものもなく、昨日とは違う今日が、出来立ての、生の姿をさらす。変化はやはり、表向きには取るに足らないことの帰結であるかもしれないが、その出来事が、人生の軌道を屈折させる正真正銘の外傷経験であることがついには明らかになり、ある人の姿を変容させる。その人について、彼が、または彼女が「こんな風になってしまうなんて」思ってもみなかった、と人は言うのだ。死活に関わるような傷を負い、脅威におびえて迂回路をたどるところに、まったく別の、思いがけぬ、予期されざる、陰鬱な道筋が開かれるのである。

訳注

〔一〕　長期増強（potentialisation à long terme）、長期抑圧（dépression à long terme）：神経活動に依存して神経細胞間の情報伝達効率が変化する現象を指す。この意味でのシナプス可塑性は学習や記憶を成立させる細胞学的な基盤と理解されている。長期増強は、神経細胞を相互に結合するシナプス部位において、信号の送り手になる細胞（前細胞）に高頻度の刺激を条件刺激として与えると、受け手の細胞（後細胞）との伝達効率が長期的に増強される現象を指す。これに対して、長期抑圧は、神経細胞間の情報伝達効率が長期に渡って低下する現象を言う（谷藤学「長期増強（LTP）をめぐる最近の話題」、『生物物理』三三（五）一九九三年、日本生物物理学会。甘利俊一・外山敬介（編）『脳科学大辞典』、朝倉書店、二〇〇〇年、参照）。

〔二〕　細胞死（anéantissement cellulaire）、アポトーシス（apoptose）：生物の個体は細胞分裂をくり返すことで形を生み出していくが、その過程では、一定数の細胞が遺伝子情報に制御されて死んでいく。例えば、人の手や足に指が形成されるためには、指骨と指骨のあいだの細胞が自殺し、離れて動くことのできる空間が作られなければならない。この選択的な細胞死の現象を「アポトーシス」と呼ぶ（Jamie A. Davies, *Life unfolding : How the human body creates itself*, Oxford University Press. 橘明美訳『人体はこうしてつくられる　ひとつの細胞から始まったわたしたち』、紀伊国屋書店、二〇一八年、参照）。

第一章

西洋の想像世界では、変身が実在に及ぶものとして、存在の全面的変形として描きだされるのは稀なことである、と指摘しておかねばならない。おそらく、そうであったことは一度もないと言えるだろう。どれほど奇妙な様を見せようとも――なかでも最も際立っているのは、間違いなく、オウィディウスがくり広げてみせるそれであるが――、変身によってもたらされた姿、不運にもその犠牲となった者たちの変貌の結果は、こう言ってよければ、ありうべき事の成り行きの内にとどまっている。つまり、変わっているのは存在の外的な姿であって、その本性ではない。存在は、変化のただなかにあって、それ自らであり続ける。実体論的前提が、西洋の変身譚にはいつも随伴している。姿は変わるが、実体は元のままにとどまるのである。

ギリシャ神話に登場する知恵の女神メティスは、「どんな姿にも変わることができる」。「ライオンにも、牛にも、蝿にも、魚にも、鳥にも、炎にも、あるいは流れていく水にもなれる」[1]。そうであっても、この多形性は無限のものではない。それは非常に多様な同一性のパレットの上に置かれているが、その広がりは限定されている。それゆえにメティスは、その力を出し切ってしまった時には、ただ単にその変容のサイクルをはじめからやり直すしかないのであり、それを更新する力はもっていない。知略をゼロに戻すしかない。メティスの変貌は、一通りの動物の姿にすべて変わり尽くしたところで終わる。だから、他の神々はメティスに勝利することができるのだ。変身の力が限りないものであったら、何者もメティスを打ち負かすことはできないだろう。

だが、この限定は決して、メティスだけの弱点にとどまるものではない。一般的に、変身を遂げるすべての神々が同じ運命を経験する。変装しうる姿はレパートリーとして並べることのできる「可能性の範囲」にすべて収まっている。その類型的図式、装備一式、あるいは標本一式を示すことが、常に可能なのである。(2)

したがって、例えば、「不意に神は、自らを解き放つために、まったく思いがけない姿態、似ても似つかないさまざまな、すさまじい姿を取る。神は次々と、流れる水、燃え盛る炎、風、木、鳥、虎、あるいは蛇になる。しかし、変容の流れを無限にたどることができるわけではない。それは、姿かたちのサイクルを形成し、最後までたどり着くと、その出発点に戻ってくる。

(1) Marcel Detienne et Jean-Pierre Vernant, *Les Ruses de l'intelligence. La Mètis des Grecs*, Flammarion, coll. « Champs », 1974, p. 28.
(2) *Cf.* Jean-Pierre Vernant, *L'Individu et la mort*, Gallimard, 1989, p. 29.

その怪物と戦う者がつかんだ手を最後まで放さずにいれば、多様に姿を変える神も、その力の限界にいたって、通常の姿、その最初の像を取り戻さねばならず、もうそこから離れることがない。例えば、ケイローンはペレウスにこう忠告している。テティスが水になろうと、火になろうと、野獣になろうと、英雄はテティスがその元の姿を取り戻す前に解き放ってはならない、と(3)。

同様に、エイドテエは、メネラオスに対して、プロテウスの知略に用心するように忠告する。「プロテウスが必死に逃げようとして何をしても、しっかりつかまえておきなさい。プロテウスは、ありとあらゆる形を取って、地を這うもののすべてに、水にも神火にも姿を変えるでしょう。でも、臆することなくしっかりつかまえていなさい。さらに強くつかんでいなさい。そして、プロテウスが語ろうとする時が来れば、眠っている時にあなたが見た姿を取り戻すでしょう(4)」。

変身はこのように円環を描く。円をなして、さまざまな変身がつながり、閉ざされ、停止する。それはやはり、存在の真の本性が変身によって奪い取られることが決してないからである。もしもこの本性が、この同一性が、深層において、つまりは実体において変化しうるものであったなら、その時は、以前の姿かたちに戻ってくるとは限らないだろう。存在論上の本筋から外れてしまう者には、それ以前の形はたちまち見失われてしまうのだから、円環は破れてしまうだろう。その時、変容はもはや知略、策略の域にはなくなる。いつでも脱ぐことができるような、あるいは背後に本当の顔の輪郭を想像することができるような仮面ではなくなってしまう。そうなれば、変容は、実存的な秘密を顕わにしてしまうだろう。つまり主体は、変身の輪を超えて、同定不可能なものになることがありうるのだと。外観の変化によってという

(3) Marcel Detienne et Jean-Pierre Vernant, *Les Ruses de l'intelligence*, *op. cit.*, p. 111..
(4) *Ibid.*

よりも、本性の変化、内的な造形の生まれ変わりによって、同定不可能なものとなる存在。唯一、死だけが、この潜在的な可塑性を停止させることができる。その業《わざ》の全てを使い尽くすことはできず、決して自らは「力の限界にたどり着く」ことがない。原理的には、ありとあらゆる変更が可能であり、それは予見することができず、一定の幅、あるいは一覧表に収まることがない。私たちの可塑的可能性は、実際に、決して終わりがないのである。

ほとんどの場合、古代の変身譚においては、変形は逃走に代わるものとして生じる。例えば、ダフネは、ポエブス（アポロン）に追いかけられ、逃げ切れるほど速く走れなかった時に、木に姿を変えている。これに対して、破壊による変身は、逃走の等価物ではない。それはむしろ、逃走することとの不可能性が取る形である。逃走することが唯一の解決策であるような場にありながら、逃げることができないということ。逃走することとの不可能性は、極端な緊張、苦痛、不快が、存在せぬ外部に向かって圧力をかける状況のなかで考えられなければならない。

出口はどこにあるのか。いかなる外部もなく、他にいかなる場所もない時に、出口はどこにありうるというのか。まさにこうした問いかけのなかで、フロイトは欲動について記述している。それは、心的現象の外には放出の道を見いだせず、彼が『欲動とその運命』において述べているように「これを外に逃がす働きによっては、終わりまでたどり着く」ことができない、奇妙な興奮である。そこで問われるのは、まさに、欲動の執拗な力をいかに「除去する」かにある。「この時、形作られるものは、逃走の試みである」[5]とフロイトは言う。ここで、「形作られるもの（*en kommt zu Bildung*）」という言葉を重視しなければならない。文字通り「形を取るにいたるもの」という意味で

（5） Freud, « Le refoulement », in *Métapsychologie*, trad. Jean Laplanche et Jean-Baptiste Pontalis, dir., Gallimard, coll. « Folio », 1968, p. 59.〔フロイト、新宮一成訳、「抑圧」、『フロイト全集14』、岩波書店、二〇一〇年、二〇六頁〕

ある。この言葉は、逃走の試みが生まれることを告げているだけではなく、その試みを形作っているのである。逃走することの不可能性にとって唯一可能な出口は、まさに、逃走の形を構成することであると思われる。それはすなわち、逃走の類似品または代用品の構成であり、同時に、自己逃避する同一性、逃走の不可能性から逃走する同一性の構成である。これもまた、見捨てられ、分離された同一性であり、それは自らをふり返ることはなく、自分自身の変容を生きることも、それを主体化することもない。

破壊的可塑性は、他者がまったく存在しないところに、他性の出現または形成を可能にする。可塑性は、他性の形であるが、そこには一切の超越も、逃走も、逃避も欠けている。そこに存在する唯一の他者は、自分自身に対して他なるものである。

たしかに、ダフネは自らの身を変容させることによってはじめて、ポエブスの手から逃れることができる。しかし、ダフネにとってもまた、ある意味で逃走は不可能だった。ダフネにとってもまた、変貌の瞬間は破壊の瞬間である。形を与えることと消し去ることが同時に起こっている。「彼女の祈りがかなえられるや否や、重い麻痺の感覚が手足を襲う。柔らかい胸が薄い樹皮に覆われ、髪が伸びて葉群となり、腕が枝になる。やがて足は急速に固まり、根となって動かなくなり、頭に木の梢が生える。そして、輝くばかりの美しさだけが残っていた」。かつての体の内、残されているのは、しばらくのあいだ樹皮の下で拍動する心臓と、幾ばくかの涙だけ。新しい個体の形成とはまさに、形のこうした破砕であり、それが出口を開き、追手からは突き止められることのない他性の突然の出現を可能にするのである。しかし、ダフネの場合には、樹木となることによって、逆説的にも女性であることが保持され、保護され、守り続けられる。変容は贖いの一形式であり、奇妙な救済ではあるが、それでも救済であることに変わりはない。これとは反対に、破壊的可塑性によって作り出される逃走の同一性は、まず何より自分自身から逃走し、救済も贖いも知らず、何者に対しても、とりわけもはや自分自身に対して存在しない。そこには、樹皮に覆われた幹も、外殻も、枝もない。同じ皮膚を保ったまま、それは永遠に同定不可能なものになるのである。

『アルモドバルの定理』において、アントニ・カザス・ロス〔一〕は、彼の容貌を損なうことになった自動車事故について書いている。鹿が突然路上に現れ、作家は車の制御ができなくなり、同乗していた女性は即死し、彼の顔は完全に変形してしまった。「はじめは医者を信じていた。しかし形成外科医は、僕の顔からそのキュビズム・スタイルを取り除くことができなかった。これを見たらピカソは僕を憎んだろうね。だって、僕はキュビズムが彼の発明だってことを否定しているんだから。ピカソも、僕とはペルピニャン駅で会ったかと思うだろうな。ダリに言わせりゃ、そこが世界の中心なんだが。僕は、かろうじて顔かなって思えるような、ピンボケ写真だ[6]」。

私は、この種のさまざまな変形を目撃してきた。それらは、顔の形を損なうものではなかったし、はっきりこれと特定できるような事故から直接生じたものではなかった。しかし、それほど劇的で、それほど急激ではなかったとしても、それらの変貌はやはり、終わりの始まりを告げ、人生の意味を変更させるだけの力をもっていた。例えば、一度の裏切りから立ち直ることのできなかったカップル。豊かな生活を送っていたのに、息子が突然学校をやめ家族のもとをはなれて、北フランスで廃屋暮らし《スコッター》〔二〕を始めてしまったという女性。きっとそのほうが幸せだろうと思い込んで、テキサスで暮らそうと旅立っていった同僚。私が長年にわたって生活してきたフランスの中心部で、一九八五年頃の危機の時代〔三〕に五〇歳前後になって仕事を失くした多くの人々。困窮者の暮らす地域で働いていた教員たち。アルツハイマー病の患者たち。こうしたさまざまな事例のなかで印象的だったのは、そこに生じた変容が、

（6） Antoni Casas Ros, *Le Théorème d'Almodovar*, Gallimard, 2008, p. 13.

原因については説明可能であったとしても（失業、人間関係上の問題、病い）、その帰結についてはまったく驚くべきもので、したがって理解不能で、あとから見れば因果関係がちくはぐになり、原因論的なつながりを断ち切るものだったことである。これらの人々は、「その出来事から」逃れることができなかったことで、突然、自分自身に対してよそ者になってしまった。それは、彼らが悲しみや不運に傷つき、打ちのめされたということではない、あるいは少なくともそれだけではない。そうではなく、新しい、別の人間に生まれ変わり、それまでとは違う種類の者になってしまったということである。まるで彼らが、実際に、事故《アクシデント》にあったかのように。「自伝は、充実した人生の物語のように見える。行為の連なり。時を超え、空間を超えて、身体的に移動していく。冒険、災い、喜び、苦しみが、果てしなく続く。でも、僕の本当の人生は、その結末から始まる(7)」。

八五年頃の危機は、つながりの危機であり、排除という言葉にその十全な意味を与えるものであった。それは、不幸と心的外傷《トラウマ》という概念にまぎれもない転換をもたらし、その動揺の広がりを私たちは今ようやく測り始めているところである。失業者、ホームレス、心的外傷後ストレス障害（PTSD）に苦しむ患者、重度の鬱病者、自然災害の犠牲者、こうした人々の全てが、互いに似たような存在となってきた。私が『新たなる傷つきし者』でその相貌を描こうとした、新たな越境的《インターナショナル》同盟が生まれようとしている。(8) ジジェクが言うように、心的外傷後の主体の形は、同一性の空虚と放棄というこれまでには見たことのない人間の姿を示しており、それはほとんどのセラピー、とりわけ精神分析の手には負えないのである。

（7） *Ibid*, p. 13.〔訳注：カザス・ロスの原著では「果てしなく続く（sans fin）」ではなく「そして結末がある（et fin）」であるが、ここではマラブーの引用にしたがう。〕

（8） Catherine Malabou, *Les Nouveaux Blessés, de Freud à la neurologie : penser les traumatismes contemporains*, Bayard, 2007.〔カトリーヌ・マラブー、平野徹訳、『新たなる傷つきし者　フロイトから神経学へ　現代の心的外傷を考える』、河出書房新社、二〇一六年〕

こうした状況のなかで生活すること――だが、つきつめて言えば人は常にそのような状況のなかにあるのではないだろうか――は、外部の不在の経験に行き着くものであり、それは同時に内部の不在でもある。そこから逃れることは不可能で、ただその場で変貌を遂げるしかない。世界の内も外も存在しない。変化はより一層根源的で、暴力的にならざるをえない。それだけに、必ず〔存在の〕断片化が生じる。主体の主体自身に対する不和が最も亢進した場合、その葛藤が最も深刻な場合には、もはや悲劇的な像すら構成しない。それは、逆説的にも、無関心と冷淡さによって特徴づけられるのである。

カフカの『変身』はおそらく、この種の偶発事《アクシデント》に接近する、最も適切で、最も見事な、最も完成された試みである。ブランショはきわめて的確に次のように述べている。「グレゴールの状態は、生存を離れることのできない存在の状態そのものである。生きて在る者は、〔変身を遂げても〕常に再びその生存の内に落ち込むことを余儀なくされている。虫となって、彼は失墜の状態のまま生き続け、動物的な孤独に陥って、生きることの不条理と不可能性に限りなく近接する。しかし、何が起こっているというのだろうか。グレゴールはただ生き続けているのである（…）」。[9] 変身、それは生存そのものであり、同一性をひとつに組み上げるのではなく、ばらばらにしていくことなのである。

小説の冒頭におけるグレゴールの目覚めは、破壊的可塑性の完全な表現であるように私には思える。説明不能な性格をもつ昆虫への変形は、起こりうる危険、私たちの内の誰もが直面しかねない脅威として、いつまでも私たちを魅きつける。明日何が起こるか、誰が知るだろう……。

（9） Maurice Blanchot, *De Kafka à Kafka*, Gallimard, coll. « Folio Essai », 1981, p. 73.〔モーリス・ブランショ、山邑久仁子訳、『カフカからカフカへ』、書肆心水、二〇一三年、七八頁〕

いずれにせよ、怪物は繭を織り上げるにいたる。繭はやがて繊維＝テクストとなる。このテクストが『変身』にほかならない。そして、この変身を完成させるのは、私たち読者なのである。可塑的可能性の円環は、いわばここでもまた閉ざされる。語りの声は完全に虫の声というわけではない。この見えない蝶は、動物の声ではなく、人間の声、作家の声をもつ。なおも語られ、書かれうるような変身とは何か。つまり、一度きりの特異なものとして体験され続けるとしても、なお完全に特異なものにはとどまらないかもしれない変身とは何か。芸術は救済しないと、カフカはのちに書簡のなかで語る。しかし、芸術は保持することができる。グレゴールの内にも、やはり、ダフネの樹皮のようなものが少しはあることを認めざるをえないのである。

『変身』についてドゥルーズが示した読解は、これをカフカの「失敗」と結論づける時点では、おそらく間違っている。しかし、それは全面的に反論可能なわけではない。一方において、ドゥルーズは「グレゴールが動物となること」の実効性、「彼が黄金虫や糞虫やゴキブリのような甲虫になることが、家族の三角形、またとりわけ、官僚的で商業的な三角形からの強力な逃走線を描き出すこと」[10]を認めている。変身がもたらすものは、まさに、逃走する存在であり、それは自らの内に一種の出口を作り出し、「主体性に代わる唯一のプロセス」[11]を形作る。他方で、ドゥルーズは、この変身のなかに「再エディプス化のお手本のような物語」、つまり、父‐母‐姉の家族的三角関係にとらわれ続ける軌跡をも見ている。「グレゴールは、動物になりながらも、家族によって再エディプス化され、死へと至る」[12]。彼の死は、変身をありうべ

（10） Gilles Deleuze, Felix Guattari, *Kafka*, Éditions de Minuit, 1975, p. 26.〔ジル・ドゥルーズ、フェリックス・ガタリ、宇野邦一訳、『カフカ　マイナー文学のために（新訳）』、法政大学出版局、二〇一七年、二四頁〕
（11） *Ibid.*, p. 65.〔七二頁〕
（12） *Ibid.*, p. 70.〔七八頁〕

き事の成り行きのなかに位置づけ直し、いわばそれを無効化する。家族そのものは、変身を遂げずに終わるだろう。そして、グレゴールは、とりわけ父と母と姉に呼びかけることで、常に家族を見いだし続けるだろう。

ドゥルーズはごく単純に、変身の「失敗」は、それが形の変化に由来すること、つまり、何ものであるのか特定することのできる動物への変化として生じたことにあると見ている。グレゴールは一匹の甲虫になるのである。ドゥルーズによれば、真の変身とは、その名がどうであれ、ある形になることとはまったく別の変身である。ドゥルーズに言わせれば、「形がある以上、そこに再領土化が起こる」(13)。それゆえに、「動物になること」は「ある動物の姿になること」ではない。前者は組み変わりの問題であるのに対して、後者は形の変化であり、それは生成を押しとどめてしまうだけである(14)。

私は、伝統的に思い描かれてきた変身に限界を与えている問題が、ひとつの形から別の形への移動として示されてきたことに由来するとは考えていない。問題は形そのものではなく、形が、変容する存在の本性からは独立したものと考えられていることにある。その姿が、皮膚として表されても、あるいは衣装や装身具として表されても、本質を変化させることなく、いつでもそれを捨てることができる。形而上学への批判は、形而上学が声高に何を主張しているとしても実際には、本質と形相を、あるいは形相と外形を常に分離してきたことを認めようとしない。人はいつでもその姿かたちを脱ぎ捨てることができるかのように、夜になればその外姿を脱いで、存在または本質的なものの椅子の上に置いておくことができるかのように考えられているの

（13） *Ibid.*, p. 12.〔八頁〕
（14） *Cf.* Gilles Deleuze et Félix Guattari, *Mille Plateaux*, Éditions de Minuit, 1980, pp. 291 sq.（〔ジル・ドゥルーズ、フェリックス・ガタリ、宇野邦一・小沢秋広・田中敏彦・豊崎光一・宮林寛・守中高明訳、『千のプラトー　資本主義と分裂症（中）』、河出文庫、二〇一〇年、一五七頁以降〕

だ。形而上学においては、常に、形は変わりうるものであり、存在の本性はそのままにとどまるものである。論じられるべきはその点であり、形の概念そのものではない。その概念なしでやっていこうというのは、馬鹿げたことである。

形と存在の双方に関わる変質、文字通り存在形式である新たな形に考えを及ぼさなければならない。ここでもまた、私が考えようとしている根本的な変身とはまさに、先行する形とはまったく共通点をもたない、新たな人格の、それまで見たことがなかった生の形式の生産である。グレゴールは姿を変える。彼が以前にはどんな姿だったのかを、私たちは決して知ることができないだろう。しかし、彼はある意味で、同じ存在であり続け、意味を待ち受けている。彼は内面で独白を続けており、実体において変容しているようには見えない。それゆえに、彼は苦しんでいる。自分自身であり続けることを決してやめていないのに、その自分自身として認められることがなくなってしまったことに苦しんでいる。おそらく私たちは、自らの変容にまったく無関心な、そのことに関わりをもたないグレゴールを想像してみることもできる。そこにはまったく別の物語が語られうるだろう。

破壊的可塑性という概念が思考をうながすのは、苦しみの不在よって生まれる苦しみ、以前の姿とは無縁な、新しい存在形式の出現についてである。苦痛への無関心として現れる苦痛、無感情、忘却、象徴的なしるしの喪失。しかし、それまでの姿を放棄して別様の魂と身体を総合するとしても、それもまた生きる者のひとつの形であり、全体であり、体系である。「形」という名詞は、ここではひとつの現前、ひとつの理念《イデア》の明証性を特徴づけるのでも、ひとつの造形物が輪郭を有することの自明性を示すのでもない。

そこでは、ひとつの特異な可塑的造形がなされている。それは、死の欲動とよく似ている。フロイトは死の欲動がさまざまな形を創造するのだと認識していた。彼はそれらの形を「実例」とも呼んでいる。ただし、サディズムとマゾヒズム以外には、その実例を示したり、その種別を挙げたりするにはいたらなかった。実際に、どのようにして死の欲動に可視性を与えることができるだろうか。(15)

(15) 死の欲動についてフロイトが示す「実例」については、『新たなる傷つきし者』(*op. cit,* pp. 277 sq.〔前掲、二八三頁以降、第十章〕)を参照せよ。

訳注

〔一〕 アントニ・カザス・ロス（Antoni Casas Ros）：一九七二年、フランス領カタルーニャ生まれの作家。『アルモドバルの定理』（*Le Théorème d'Almodovar*, Gallimard, 2008）は彼の最初の小説。主人公アントニは将来を嘱望された数学者であったが、車の運転中に突然飛び出してきた鹿を避けようとして木に激突。助手席に乗っていたガールフレンドのサンドラは死亡、アントニは顔面が大きく変形してしまう。その後彼は、ネット上で数学を教えることで生計を立て、人との関わりを避けるようになった。しかし、映画監督ペドロ・アルモドバルと知り合い、また彼を介してトランスセクシュアルの女性リザ――ただし、ペニスをもつ彼女は両性具有者である――と親密な関係を結ぶようになり、それまで見えていなかった世界の様相に触れていく。アントニは、「空虚のなかにもうひとつの祝祭がある」ことを知るにいたる。その他の作品には、*Mort au romantisme*（『ロマン主義に死す』）, Gallimard, 2009. *Enigma*（『エニグマ』）, Gallimard, 2010, *L'arpenteur des ténèbres*（『闇の測量士』）, Le Castor Astral Editeur, 2018 などがある。

〔二〕 廃屋暮らし《スコッター》（squatter）：スコッターは、居住者のいない土地や建物に、所有者の許可を得ずに生活する人を指す。そのなかには、住む家をもたないがゆえにやむなく廃屋に暮らす者もいるが、多くの人に住居を提供することができない政治・経済システムに対する社会運動の一端として、スコッターとなる者もいる。「無断居住者」とも訳される（https://www.vocabulary.com/dictionary/squatter 参照）。

〔三〕 一九八五年頃の危機：フランスは第二次世界大戦後、国家が経済領域に介入し、企業や国民経済が進む方向をコントロールするという政策思想（ディリジスム）のもと、順調な復興と経済成長を遂げ、「栄光の三〇年」と呼ばれる一九四五年から一九七五年頃までは良好な雇用情勢が保たれていた。しかし、一九七〇年代に二度にわたるオイルショックの影響が労働市場に及ぶようになると失業者が増え始め、一九七四年に三%を超え、一九八七年の第四四半期の一〇・七%まで年々上昇し続け、以降は景気の変動にともなって増減をくり返している。失業率の増大は、無職者の貧困をもたらしただけではなく、長期失業と不安定雇用の増加を引き起こし、「連帯」にもとづく社会的統合の基盤を掘り崩し、社会関係の希薄化、孤立、心身の健康問題を顕在化させた。一九八〇年代以降、「不安定さ（précarité）」という言葉が多用されるようになり、「社会的排除」への抵抗が社会運動の主題となっていく（小田中直樹『フランス現代史』、岩波書店、二〇一八年。清水耕一「フランスにおける失業問題」『岡山大学経済学会雑誌』三九（四）、二〇〇八年。Olivier Mazel, *La France des chômages*, Gallimard, 1999. 松原仁美『包摂と排除のフランス』、晃洋書房、二〇一八年、参照）。

マラブーがここで、雇用の不安定化が因果連関のバランスを欠くほどの人格変容をもたらすという事例に言及しているのは、「破壊的可塑性」が「脳の損傷」のような限定的な原因だけではなく、さまざまな「出来事」によって生じうるという認識があるからだろう。『新たなる傷つきし者』（二〇〇七年）では、脳の損傷は個人の同一性を突き崩すような変容現象の「範例（パラダイム）」として位置づけられている。それは、「切断的な変貌」がその患者たちのもとで最も明確に現れるということだけでなく、他方で、同様の現実は生物学的な原因によっても、社会的、政治的原因によってももたらされうるということを意味している。「不意打ちの暴力」「予測不可能なショック」が「主体の同一性を変容させ」、自己の「自己に対する関わりを遮断してしまう」（訳書二三九―二四〇頁）可能性を考えることは、広くこの時代――「排除」と「不安定さ」の時代――の人間の「形」を思考する上で不可欠の条件だと見なされているのである。

第二章

脳の疾患によって形作られる〔主体の〕同一性が、〔前述の問いに対する〕ひとつの答えをもたらすことを助け、フロイトに対して、彼が手にすることのなかった、あるいは見ようとしなかった実例ないし見本を、事後的に提供することになるだろう。フロイトは、実際に彼の神経科医としての仕事に強引な形で背を向けてしまったのである。〔脳疾患を〕生き延びた人の同一性、それまでに見たことのない実存的な生命配置の形成。脳神経に損傷を負った人の同一性。それは、自己に対する不在という形を取りながら、それでもなおひとつの心的現象であり続けている。

神経生物学の研究の進展によって、脳——したがってまた心《プシケ》——と破壊、否定性、喪失、死との新たな関係を考える必要があることが明らかになりつつある。

興味深いことに、一部のアメリカの科学者たちは、生物学と死生学との新たな関係を発展させるために、大陸の哲学に目を向け始めている。例えばダマシオ[二]は、自分の仕事とスピノザの仕事とのあいだに確かな近接性を見ている。「ダマシオによれば」スピノザは「原‐神経生物学者」であり、神経システムの存在論的な、つまりは本質的な重要性を認めた最初の哲学者である。

スピノザはまた、形而上学の伝統のなかで、形相の概念に新たな意味を与えた最初の哲学者でもある。実際に、スピノザは『エチカ』の第三部で「精神の本質を構成するものは、現に存在する身体についての観念以外の何ものでもない[1]」と主張している。したがって、形相とは、現に生じている精神と身体の統一体に対して、またより深層においては、主体の存在論的構成と生物学的構造の統一体に対して与えられた名である。

スピノザの大きな功績は、有機体に基盤的な位置を認めたことだけでなく、生物学的現象、とりわけ情動を、存在そのもののなかに、つまりより正確に言えば、基本的な存在論的所与としてのコナトゥス、自らの存在の内に持続しようとするすべての生命体の性向のなかに組み入れたことにある。ダマシオは言う。「スピノザの体系における生物学的事実の重要性をどれほど強調しても、強調しすぎることはないだろう。現代の生物学に照らして見ると、スピノザの体系は、生命の保存によって条件づけられている。生命の保存は、その諸機能の均衡、したがって生命の制御に依存するということ。生命の制

(1) Spinoza, *L'Éthique*, Gallimard, coll. « Bibliothèque de la Pléiade », livre III, proposition III, Démonstration, p. 419.〔スピノザ、畠中尚志訳、『エチカ(倫理学)(上)』、岩波文庫、一九五一年、一七五頁〕

御の地位は、さまざまな感情――喜びや悲しみ――という形を取って表れ、さまざまな欲求によって変調するということ。そして、欲求や情動やその時々に変わっていく生命の状態は、個々の人間が自己を、意識を、認知的な理性を備えているために、個人の側から認知され、評価される対象となりうるということ(2)」。

コナトゥスの強度を変調させる感情の役割を認識することなく、自己を保存しようとする存在の性向を理解することはできない。実際に、持続しようとする性向は、質的にも量的にも可変的であり、欲求と同様に、開かれたり閉じたりするし、強まったり弱まったりする。生きることへの渇望は、常にそれ自体に対して同一ではなく、感情に応じて、自らを感じ取る様式に応じて変化し、大きくなったり小さくなったりする。スピノザにとって、さまざまな感情は、喜びと悲しみを両極とする一連の広がりを形作る。喜びは活動する能力を高め、コナトゥスの強度を上げ、その射程を広げる。反対に、悲しみはその能力を消し、弱め、抑制する。

「人間の身体は、その活動する能力を高めたり弱めたりするものによって、さまざまな仕方で影響されうる（…）」[3]。その能力はまさに、「個々のものが自らの存在の内に持続しようとする努力（コナトゥス）」[4]に一致する。この「努力」は転調可能で、楽器のように、音を合わせて変化していく。喜びや悲しみは、携帯可能な不思議な鍵盤楽器のように、その努力を奏で、強く響かせたり、あるいは逆に、音を弱めたりする。喜びは強め、悲しみは弱める。「喜びと悲しみは、能力が、言い換えれば自らの存在の内に持続しようとす

（2） Antonio Damasio, *Spinoza avait raison, Joie et tristesse. Le cerveau des émotions*, trad. Jean-Luc Fidel, Odile Jacob, 2003, p. 177.〔アントニオ・R・ダマシオ、田中三彦訳、『感じる脳　情動と感情の脳科学　よみがえるスピノザ』、ダイヤモンド社、二〇〇五年、二二七頁〕

（3） Spinoza, *L'Éthique*, *op. cit.*, livre III, postulates, p. 413.〔前掲、スピノザ、『エチカ（上）』、一六八頁〕

（4） *Ibid.*, proposition LVII, Démonstration, p. 465.〔同前、二三一頁〕

る各々の努力が、それを通じて高められたり弱められたり、支えられたり妨げられたりする感情である」(5)。

したがって、人は感情に影響されずにいることはできない。この基本的な確認が、神経生物学に新たな道を開く。それは、神経生物学が脳の活動のなかでの、すなわち有機体の統一、精神と身体が形作る複合体のなかでの、情動の基本的な役割を考慮に入れることによってである。理性も認知も、感情に支えられることがなければ、発達しえないし、その通常の機能を果たすこともできない。何かを欲することなく推論することは、推論することにならない。考え、欲し、知るためには、物事が内実を、重みを、価値を有していなければならない。逆に、情動的な無関心は、凹凸を失わせ、奥行きの違いを消し去り、すべてを平準化する。情動と感情から生じる、その識別的な力、区分し、差異を生み出す力を無くしてしまえば、ダマシオが言うように、理性的推論は血の通わない論理となり、もはや推論することもしなくなる。

「情動の選択的縮小は、少なくとも情動の過多と同じぐらい、合理性にとって有害である」(6)。

合理性と感情性の不可分の性格を強調することによって、スピノザは、意識と情動を切り分けることのできないものとして提示する、現代の神経生物学の発見を先取りしている。言語や記憶や推論や注意といった高次の認知的機能は、「とりわけ、リスクや葛藤をともなう個人的および社会的問題に関わる時には(7)」情動的プロセスと結びついている。ダマシオは、「情動信号」――それは「ソマティック・マーカー」とも呼ばれる――についての仮説を

（5） *Ibid.*〔同前、二三一―二三二頁〕
（6） Antonio Damasio, *Le Sentiment même de soi. Corps, émotions, conscience*, trad. Claire Larsonneur et Claudine Tiercelin, Odile Jacob, 1999, p. 49.〔アントニオ・R・ダマシオ、田中三彦訳、『無意識の脳　自己意識の脳　身体と情動と感情の神秘』、講談社、二〇〇三年、六四頁〕
（7） *Ibid.*〔同上、六四頁〕

展開させている。ある種の脳の損傷が起こるとマーカーが消滅し、理性は自らを生命に、生き延びようとする欲望に、コナトゥスに結びつけているつながりを喪失する。「この仮説は、ソマティック・マーカーの名で知られる。私にこの仮説を提起するように導いた患者たちは、前頭葉部、とりわけ腹内側部と右頭頂部に損傷を負っていた。それが、脳卒中によるものであれ、頭蓋部外傷によるものであれ、外科的切除を要する腫瘍によるものであれ、この部位の損傷は常に、私が先に記述した臨床的図式の現れに結びついていた。すなわち、リスクや葛藤をともなう状況のなかで好ましい決断を行う能力の障害、同様の状況のなかで情動的に共鳴する能力の選択的縮小が見られたのである（…）」[8]。

ここで言及された患者たちは、正確に言えば、理性を失ったわけではない。多くの場合に、彼らの知性は完全に無傷のままである。しかし、感情の影響を受ける力を失ったことで、彼らは理性を放置し、理性に対する関わりをもたなくなったのである。

ボリス・シリュルニクは、『素晴らしき不幸』において、虐待を受けたり育児放棄されたりした子どもたちのケースについて分析している。彼の示すところによれば、感情生活の非常な乏しさが、まぎれもない心的外傷《トラウマ》として作用しており、精神運動の深刻な遅れをもたらしている。こうした子どもたちは、周囲の世界に対して自己を閉ざし、反応できなくなっている。こうした冷淡さや無関心といった現象は、破壊的可塑性、つまり贖いも目的もなく、よそよそしさ以外の意味をもたない、かの変化の力の特徴である。脳神経を損なわれた患者の新たな同一性は、ひとつの共通点をもっている。情動を呼

(8) *Ibid.*, SAMU social（緊急医療援助サーヴィス）の創設者である医師グザヴィエ・エマニュエリ（Xavier Emmanuelli）もまた、その障害が同一の源泉に由来しない場合でも、すべての心的外傷経験者に共通の性格があると述べている。特に *Out. L'exclusion peut-elle être vaincue?* Robert Laffont, 2003. を参照。

び起こす部位の損傷によって、さまざまな程度で苦しみながら、一様に、しばしば底なしの不在感を示すのである。外傷的な傷は、その性格がどのようなものであれ、何らかの形で、この種のふるまいを呼び起こす。問われるべきことはまさに、この主観性の空虚、個人の不在をどのように理解すればよいのかにある。その人は、何者かとの相関性も所属的な属性もたどり着くべき国ももたない、自動詞的な（つまり、何者かに対する他者ではない）存在論的無国籍者となっているのだ。新しい人間。その新しさはしかし、いかなる時間性の内にも組み込まれていない。

くり返せば、ダマシオによって検討された病理的事例は、狂気の事例ではない。脳損傷患者たちは狂人ではない。彼らは狂気それ自体を放棄しているのである。だが、主体が自分自身の本質との一致を失いながら、それでも狂気には陥らないということが、いかにして可能となるのだろうか。通常ならば哲学が何ら存在論的価値を認めていないようなこの実例が明らかにしている、存在そのものの内に無関心を構成する要素の実在を、脳の苦しみを、その固有の苦しみを認めるべきではないだろうか。

この点は再確認しておかねばならないことだが、脳はこれまで一度も哲学の対象とはされてこなかった。(『情念論』における)デカルトも、(『物質と記憶』における)ベルクソンも、たしかに脳に重要な役割を認めているが、しかしそれは、ほんのわずかな象徴的自律性をも享受することなく、情報を受け取り、伝達する、二次的な器官にとどまっている。一人の哲学者も、脳がそのものとして苦しみを感じうるかどうか、表象をもちうるかどうか、意味作用の体制の中枢たりえるかどうかを問うたことはなかった。ここでもまた、スピノザだけが唯一の例外をなしているように見える。ダマシオは言う。「スピノザは、精神と身体の平行的表出を担う自然のメカニズムを司る諸原理を、直観的に理解していたのであろう。(…)心理過程はその基盤を脳による身体のマッピングの内に、すなわち、情動と感覚を引き起こす出来事への応答を示している神経組織の内に有していると私は信じている。こうした考え方をスピノザの内に見いだすこと、そしてそれが何を意味しうるのかを問うことほど、私を勇気づけてくれるものはなかったのである[9]。

スピノザの言うコナトゥスに現代的な定義を与えることができる。コナトゥスとは「脳神経回路のなかに含まれる傾性の集合体であり、それは、内的条件や環境的条件によって起動されると、生存と幸福を同時に追求する」。生命の制御は、ここで認知と情動の共同作業として定義された脳の活動から生じる。ダマシオは続けて言う。「コナトゥスに由来する一連の活動はすべて、脳のなかでは、化学的で神経的な形で表現される。それは、血液循環によって運ばれる化学分子を、同様にまた神経回路を伝わる電子信号を経由する。生命過程のさまざまな側面は、脳に信号として伝えられ、脳内の特定の諸部位に位置づけられた神経細胞の循環からなる多数のマップの上に表される。私たちはここで、生命調節の頂点に達する。諸感覚が合体を始める水準である」[10]。

スピノザが提起した、精神と身体の分化の上に成り立つ同一性という、非常に特徴的な考え方は、彼が脳の役割を完全に理解していたと考えることを可能にする。その役割とはまさに、この〔精神と身体の〕統一体を確かなものにすること、それを言葉の本来の意味において体現することにある。絶えざる感情の変化とともに、その緊張と強度と音調の変異とともにコナトゥスは変形可能なのだという仮説を置くことによって、情動を呼び起こす脳内の部位への打撃によってもたらされるダメージについて思考することができるようになる。コナトゥスの展開にともなう感情の広がりが、傷つき、損なわれた時、同一性は根底から変質し、実際のところ、変貌する。

（9） Antonio Damasio, *Spinoza avait raison*, *op. cit.*, p. 19.〔前掲、ダマシオ、『無意識の脳』、三二頁〕
（10） *Ibid.*, p. 43.〔同前、六二頁〕

心的外傷経験が生じる時には、感情の潜在的可能性の全体に損傷が及び、もはや悲しみさえ生まれなくなる。患者は、悲しみの手前で、無気力の状態に陥り、そこにはもう喜びも絶望もない。そうなれば、患者は自分自身の存続に対して無関心になる。他者の存続に対しても同様である。殺人への無関心は、他に説明のつけようがない。

二〇〇四年一二月一八日、かつてピレネー中央病院の患者であったロマン・デュピュイは、開閉小窓のガラスを破って、院内に侵入した。彼は、二人の看護師を殺害する。二人の体に執拗な攻撃を加え、その内の一人については首を切り落とすまでに及んでいる。「犠牲者たちと面識があった様子はなく、たまたま彼女たちがその夜、かつて彼が入院していた所に最も近い病棟にいたという、それだけの理由で殺害したのだ」と新聞は報じている。その時間、患者たちはテレビを観ていた（デュピュイは、逃走する前に、そのテレビの上に切り落とした首を置いていった）。このようにして、一部の患者は犯罪に立ち会いながら、何も語らない。最も恐ろしいことが何であるのかを言うのは難しい。殺人それ自体なのか、一部始終を目撃しながら何もしようとしなかった傍観者たちの無関心なのか。

このケースについては、暴漢も傍観者も精神疾患者であり、言葉の厳密な意味で脳損傷者ではないという反論もあるだろう。しかし、すべての精神疾患——統合失調症がその顕著な一例であるが——は情動を司る脳（特に、前頭葉）の打撃を引き起こすことが確かであるなら、殺人者たちの冷血さや傍観者たちの無関心を理解する上で、しばしば全面的かつ回復可能な形で感情の喪失をもたらす、脳の損傷に言及せずにおくことはできないだろう。

情動を司る脳のダメージがどれほど、生命の調節、したがってまた生の存続に対する真の脅威となるのかを理解するために、こうした極端な事例を探し求める必要はない。ダマシオはさらに書いている。「感覚、および最も多くの場合にそれを呼び起こす欲求や情動が、社会的行動において決定的な役割を演じているということが、次第に証明されつつあるように思える。（…）脳の損傷に見舞われたあとの患者たちは、一般にそれ以前の社会的地位を維持することができなくなり、すべての人が経済的に自立できなくなってしまう。彼らが常に暴力的になるわけではなく、彼らの不適切な行動が必ずや法を犯す傾向にあるわけではない。しかしながら、自分の生活をうまく管理していく術が根本から損なわれてしまう。もしも周囲の人々が彼らを放っておいたら、生命の存続は危ういものになってしまうだろう。（…）患者の配偶者たちは、ある種の感情移入の欠落に気づいている。私たちが診た一人の患者の妻は、自分の夫がかつては、彼女が苛々していると必ず関心を向け、情緒的な反応を返してくれたのだが、今では同じような状況になっても無関心な態度しか示さないと述べていた。病気になる以前には、地域の人々の活動に関心をもち、友人や近親者が難しい状況にあれば助言を惜しまないことで知られていた患者たちが、人を助けようとする姿勢を示さなくなる。日常的な慣習の領域で、彼らはもはや自立性をもたなくなる」[11]。

意味のない出来事《アクシデント》、言葉にしたり思い起こしたりすることで整理をつけることができない偶発事によって、個人の生活史が決定的な形で断ち切られ、壊されてしまう。脳の損傷、自然災害、脈絡もなく唐突で暴力的な出来事は、原理的に、経験のなかに事後的に再統合することができない。こうした出来事は、単純な打撃としての力をもち、主観的な連続性を破り、穴をあけ、いかなる正当化も、心理的な回収も許さない。脳の損傷を、どのようにして内面化することができるだろうか。それを表す言葉は感情によってもたらされざるをえないのに、感情の不在こそがここで確認されているのだとすれば、どのようにしてその情動の欠損について語ることができるだろうか。

(11) *Ibid.*, pp. 149-150.〔同前、一八七―一八八頁〕。〔マラブーが〕翻訳を修正した。

こうした問いは、古典的な精神分析と現代の神経生物学のあいだに穿たれた溝を強調することを可能にする。しかしその不和は、同時に対話の場ともなりうるし、またならねばならない。破壊的可塑性がその対話のテーマとなるのである。

とはいえ指摘しておかなければならないのは、破壊的可塑性という概念さえ、そのものとしては、神経生物学者たちによって展開されていないということである。破壊は、彼らの分析の核心にあり、その破壊によって生じる新たな人格の形成もまた、常に問いの対象に置かれている。しかし、神経損傷によるダメージと同一性に及ぼすその帰結は今も、偶発的なもの、偶然によるものであって、主体の実存的な可能性とはつながりをもたないと考えられている。破壊によって同一性が変化する可能性、消滅的変貌の可能性は、存在の恒常的な潜在性、つまり、起こりうるものとして存在の内に書き込まれているもの、存在の生物学的および存在論的な運命のなかに含まれるものとは見なされていない。破壊は偶然の出来事《アクシデント》であり続けている。しかし同時に、それとは反対に、一種の偶有性《アクシデント》として考察されなければならない。この言葉遊びは、アクシデントが種に備わる属性であり、破壊の影響のもとで変形することができるということが、ひとつの可能態、実存的構造であるということを言おうとするものである。とはいえ、アクシデントがもたらす同一性のこの構造的な地位は、その到来の偶然性を弱めるものでも、どのような場合でも完全に予見不可能なものであり続けるその現働化の偶発性を否定するものでもない。それゆえに、偶発事《アクシデント》の存在論を承認するのは、哲学的に困難な課題なのである。それは、論理的であると同時に生物学的な法則として認められねばならない。ただし、その法則は、その個別の事例を予見することを可能にしない。思いがけない形で、その個別の事例の思いがけなさに驚かされる法則。破壊は、原理的に、それ自体の必然性に応じて生じるものではないし、それが到来する時にも、それ自体の可能性を強化しない。厳密に言えば、破壊は起こるべくして起こるものではないのだ。

こうした破壊的可塑性は、脳神経の法則の領域に書き込まれていなければならないだろう。同一性の変容は、純粋に偶発的に生じて、本来は安定的な同一性を侵し変質させるような、外的な出来事の帰結であるだけではない。「正常な」同一性とは、はじめから、変化し、変形しうる存在であり、いつでも自分を裏切り、自分に別れを告げることができるものなのである。

ここでもまた、スピノザが私たちを助けてくれる。ただしそれは、ダマシオが、さらにはドゥルーズでさえも思い至らなかった、はるかに根源的なやり方においてである。この二人の論者がいずれも、『エチカ』第四部の定理三九の備考にはっきりと立ち止まってみなかったのは、奇妙なことに思える。定理三九では、次のように述べられている。「身体の諸部分のあいだに運動と静止の関係が保たれるのは善である。反対に、人間の身体の諸部分のあいだにいかなる運動や静止の関係も生み出さないのは悪である」。この定理は、生と死のあいだの差異を提示している。生は、身体のさまざまな運動の調和的な協働として定義される。それは生命体の健康の定義であり、生命体の諸部分のあいだの協働を前提としている。反対に、死は、各部分がそれぞれに固有の、自律的な運動を始め、それによって全体としての生命を崩壊させ、その統一性を破る時に到来する。

　ところで、スピノザは備考において、非常に興味深く、非常に奇妙な指摘をしている。「身体は、その諸部分が、運動と静止の別様の関係のなかに配置されてしまった時に、死ぬ」のだと述べたあとで、彼は次のように続ける。「血液の循環や他の諸機能が持続し、それによって身体は生きていると判断される場合でも、人間の身体はその本性をまったく異なる別のものに変えることがありうると、私は思う（強調はマラブーによる）。実際のところ、身体はそれが死体に変わる時にのみ死ぬのだと考えなければならない理由を、私は見いだすことができない。現実に、経験は反対のことを示唆しているようにさえ思えるのである。というのも、時に人は、その人が同一の人物であると言うことが強くためらわれるほどの変化を被るからである。私が聞いたことがあるのは、あるスペイン人の詩人の話で、彼は病いに冒され、治癒はしたのだが、その後ずっと自分の過去の生活を忘れてしまい、かつて自分が書いた物語や悲劇を自分の作品だとは思えなくなってしまったのである。そして、もし仮に彼が母国語を忘れてしまったとしたら、彼のことを大きな子どもと見なすこともできたであろう。こうしたことが信じがたく思えるとしたら、では、子どもについては何と言えば良いのだろうか。大人は、子どもたちの本性が自分の本性とはまったく異なっていると考えるので、他の人から聞いて自分のことを想像してみない限り、自分がかつて子どもだったことなどないと思い込んでしまいかねない。しかし、迷信深い人々に、新たな問いを呼び起こすような素材を提供してしまわないためにも、この問題についてはこのくらいでやめておくことにしよう(12)」。

スピノザが言及している詩人はゴンゴラである[12]。彼は、一六二七年に亡くなる一年前に記憶を失ったのだが、その諸作品をスピノザは所有していた。この事例を考察しながら、哲学者は、〔肉体の〕死ではないが、人格の根源的な変容として現れる、一種の死がありうることを認めているように見える。あたかも、生と死の中間状態があり、定理三九によって導入された二項区分を複雑なものにしているかのようである。身体と感情の不可解な変貌がもたらす部分的な死があり、それは身体の諸部分間の運動と静止の関係の終わりとは一致しておらず、ただし、この関係の崩壊によって生じている。身体の諸器官の一部は、ただ、それ自体の生を生き、自律化し、その全体を完全に消失させることなく、しかし全体を解体しようとしている。そこに、狂気の

（12） Spinoza, *L'Éthique*, *op. cit.*, livre IV, proposition XXXIX, scolie, pp. 524-525.〔前掲、スピノザ、『エチカ（下）』、五三頁。ゴンゴラについてマラブーが参照しているのは、プレイヤード版の『エチカ』一四四二頁の注一二である。〕

印象を与えるものがある。自分の書いた本を思い出すことができなくなり、自分自身のことさえ覚えていない作家は、死んでいないない死者である。彼の「本性」は「まったく異なるものに変わって」しまった。スピノザがここで、彼の身体的「現れ」や「外観」ではなく、その「本性」と言っていることに注意しよう。つまり、変わってしまったのは、その本質、さらに言えばその形相なのである。

ここには、この哲学書のなかでもごくまれな、存在の本性の破壊的変貌へのさりげない言及が見られる。その変貌によって新しい存在が、こう言ってよければ、生きている死者が誕生する。身体は死することなく死を迎えることがある。事故によって、損傷によって、ダメージによって、あるいは破局的経験によって、身体が死体へと変形するのではなく、身体が同じ身体のなかで別の身体に変形するような、破壊的変容が生じうるのだろう。ここで理解されるように、スピノザにとっては、実存の可能性に非常に大きな広がりが存在し、その最も衰弱した、否定的な極においては、悲しみをはるかに凌駕してしまう。そこで問題となっているのは、本質の内部での本質の変容であり、コナトゥスの変異の通常の幅を超える何事かなのである。スピノザは言う。幼年期にもまた、この種の変化、原初的変化を遂げているように見える。それは、理性に先立つ変貌である。それゆえにまた私たちは、病む人々は幼年期に戻ってしまうのだとは考えられなくなる。というのも、幼年期は退行の確かにして強固な終着点ではなく、私たち自身のまた別の状態なのであり、それは安定していないのであるから、結局のところそこに向かって退行することはできないのである。人はどこにも帰りつくことができない。生と死のあいだで、自分自身に対する他者となるのだ。

通常スピノザは、時間性も変化もない厳密な必然性の思想家と見なされているが、『スピノザと表現の問題』においてドゥルーズは、この哲学者のもとでコナトゥスの大いなる可変性を問うことができるのだと主張している。

ドゥルーズは書く。「私たちはすでに、『エチカ』のある部分、すなわち有限の様相《モード》の実存的可変性、表現の可変性を論じる部分の極めて大きな可能性を予感することができる」(13)。この「表現の」可変性は、コナトゥスの可変性であり、二つの水準にある。

第一の可変性は、私たちがすでに言及したように、能動性（喜び）と受動性（悲しみ）のあいだでの、感情の通常の可変性に関わる。私たちは、ある一時点において、自らの「形」、つまり自らのコナトゥスを導く感情にしたがって行動し、自分の能力を行使することが、多少なりとも可能である。ドゥルーズは記している。「私たちが能動的感情を生み出すことができれば、それだけ、受動的感情は縮小する。私たちが受動的感情のなかにとどまるのであれば、私たちの行動する能力はそれだけ〝妨げ〟られる。つまり、ひとつの本質、変様を受ける力をもつがゆえに、受け身で耐える能力と能動的に動く能力とは、反比例の関係で変化しうるものなのである。両者はともに、さまざまなバランスで、変様を受ける力を構成している」[14]。

しかし、ある種の変様は、コナトゥスの音階《ガム》のなかから生まれるさまざまな音調《ニュアンス》に関わるだけでなく、コナトゥスそれ自体の構造に触れるのである。そこに「表現の可変性」の二つ目の類型がある。ドゥルーズは以下のように続ける。「第二に、可能な変化のもうひとつの水準を呼び込まねばならない。変様を受ける力は、常に、またあらゆる観点から見て、一定のものにはとどまっていないからである」[15]。例えば、「成長や、老いや、病いにおいては、そこに同じ一個人を認めるのは容易ではない。いや、それ以上に、本当にそれ

（13） Gilles Deleuze, *Spinoza et le problème de l'expression*, Éditions de Minuit, 1968, p. 201.〔ジル・ドゥルーズ、工藤喜作・小柴康子・小谷晴勇訳、『スピノザと表現の問題』、法政大学出版局、二〇一四年、二二六頁〕

（14） *Ibid.*, p. 202.〔同前、二二七頁〕

（15） *Ibid.*〔同前、二二七頁〕

は同じ個人なのだろうか。身体を性格づける連関のなかに、秘かに、あるいは突然に生じるこうした変化を、私たちはその変様を受ける力の内にも見いだす。あたかも、力と連関には、そのなかで自らを形作り、また変形させることのできる幅と範囲が与えられているかのようである」(16)。

したがって、この第二の水準ではもはや、気分の可変性ではなく、その気分を感受する有限存在の本性の変化が問われるのである。例えば、病いや老いは、コナトゥスそれ自体の構造の変異に対応している。この構造的変異は、ドゥルーズがコナトゥスの「弾性」と呼んだものを示している。「存在の様相をその総体において性格づける連関には、ある種の弾性が備わっていることを、スピノザは示唆している」。

ここで、「弾性」という用語は適切だろうか。「弾性をもつ」物質は、その最初の形に、変化することなく戻る力によって性格づけられる。それに対して、ここで記述されている変化は不可逆的で、はじめの形に戻るのは不可能である。そこで私たちが準備するのが「可塑性」という言葉である。この言葉はまさに、ただ迂回したり傷を負ったりするだけでなく、それを超えて同一性がそのバランスを変えていく力をもつことを指し示している。ドゥルーズ自身が挙げた例（老いや、重篤な病い）は、彼がそれらを指し示すのに用いている概念〔弾性〕を超え出ている。

このように、スピノザにおいては、限られた様相の内にあった存在が、自らの主観性から離脱する性向が認められていた。この思想家は、この点でも自由の敵と見なされているのであるが、むしろ反対に、肯定的であると同時に否定的な存在論的可塑性が認識されているのである。ここでの肯定的とはさまざまな感情の可塑性を指し、否定的とは様相の絶対的な変化、過去の様相と関係をもたない別の存在の生産を指している。

（16）*Ibid.*〔同前、二二七頁〕

破壊的可塑性による変化とは、その変化を構成するさまざまな運動の拡散、そのさまざまな方向の不調和によって生まれるものである。冷淡さ、中立性、不在感、「平板」な感情状態は、現代の神経学においては、破壊的な様相的可塑性の現れであり、スピノザはそれを、人生や運命や本心の軌道に再統合する可能性を欠いた、破壊的変貌の力の存在を認めることによって、先取りしていたのである。

破壊的可塑性の役割を認めることによって、主体性の解体をより根源的なものと見なすこと、そこに新たな成り行きを刻み込むことが可能になる。破壊的可塑性の認識は、同一性の構成それ自体の中核に、これを無化する能力が潜んでいることを明らかにする。潜在的な冷淡さは、脳損傷者や統合失調症者や連続殺人犯《シリアルキラー》の宿命であるだけでなく、いつでも自分自身を放棄しかねない、自分自身から逃げ出しかねないように見える、存在の法則のしるしなのである。変容の存在論は、その核心に、存在の自分自身に対する別れに相当する、この特異な種類の変貌を取り込まなければならない。その別れは、死ではなく、生の生に対する無関心として、生のなかで生み出される。ある種のケースでは、生き延びるということが、そうした無関心に陥ることにつながるのである。今日、生物学的なものであれ政治的なものであれ、心的外傷経験の生存者《サヴァイヴァー》はいずれも、こうした無関心のしるしを示している。この意味で、脳の破壊的可塑性を考慮に入れることは、暴力の現代的相貌を理解するための解釈装備として、必要不可欠なのである。

「あなたとは、あなたのシナプスである」[17]。ジョゼフ・ルドゥー〔四〕のこの有名な定式は、したがって、単に主体の存在をその同一性の構築的で可塑的な形成と同一視するだけでなく、同時に、存在をそれ自身の神経における爆発的

(17) *Cf.* Joseph LeDoux, *Neurobiologie de la personnalité*, trad. Pierre Kaldy, Odile Jacob, 2003.〔ジョゼフ・ルドゥー、森憲作監修、谷垣暁美訳、『シナプスが人格をつくる 脳細胞から自己の総体へ』、みすず書房、二〇〇四年〕

変形の可能性と同一視するものでもある。

したがって、情動的冷淡さとして、脳のなかに死の欲動が刻印されているということは、脳損傷者、統合失調症者、連続殺人犯、心的外傷経験者、その他の排除されし者にだけ見られるのではなく、潜在的には、私たちの一人ひとりの内に脅威として存在するのである。現代の神経生物学の言説は、おそらく、「人は身体が何をなしうるかを知らない[18]」というスピノザの言葉を、より根源的な形で媒介することになるだろう。

(18) Spinoza, *L'Éthique, op. cit.*, livre III, proposition II, scolie.〔前掲、スピノザ、『エチカ(上)』、一七一頁〕

訳注

〔一〕アントニオ・R・ダマシオ（Antonio R. Damasio）：一九四四年、ポルトガルに生まれる。リスボン大学で医学博士、理学博士の学位を得たあと、渡米。ハーバード大学、アイオワ大学などで認知神経科学の研究を行い、二〇〇五年より、南カリフォルニア大学・脳と創造性の研究所で教授を務める。神経科学を基盤として、身体、脳、情動と感情、思考の関係を体系的に問い直す研究を進めている。ダマシオによれば、人間の意思決定において中核を占めているのは、「知性」ではなく「情動（emotion）」および「感情（feeling）」である。情動を生み出しているのは、身体の「生命調整」の機能である。ダマシオは、人間がある状態・状況に直面した時に生じる身体状態の変化（例えば、内分泌、心拍数の上昇、筋の収縮、姿勢や表情の変化など）と、脳に伝えられるその身体状態についての情報を合わせて「情動」と呼ぶ。何か恐ろしい光景を目にして、体が硬直したり、心臓がどきどきしたりする時、私たちは「恐れの情動」を体験している。こうした身体的状態についての情報は、神経システムを通じて脳に伝えられ、脳のしかるべき部分には、自己の状態についての「身体マップ」が形成される。この身体マップをもとに、身体的状態の変化が表象されるとき、そこに「感情」が経験される。ここで重要なことは、ある対象に対する身体状態は、「その対象の価値（有益さや有害さ）を反映しており、したがってその身体状態の情報が脳に伝えられるとき、その情報は対象の価値を示すマーカーとして働く」ということである。これが「ソマティック・マーカー」と呼ばれる。「ソマティック・マーカーは、各選択肢を選択した場合の有利・不利に対する予測因子として働き、選択にバイアスをかける。つまり、各選択肢の有利・不利を自覚的に考慮するのに先立って、好ましい選択肢と避けたい選択肢の評価（選好の値の決定）とそれに基づく篩い分け」が「無自覚レベルで行われている」のである（Antonio Damasio, *Looking for Spinoza*, Harcourt, 2003. 田中三彦訳『感じる脳　情動と感情の脳科学　よみがえるスピノザ』、ダイヤモンド社、二〇〇五年。西堤優「ソマティック・マーカー仮説について」『科学哲学』四三（一）、二〇一〇年、参照）。

〔二〕ボリス・シリュルニク（Boris Cyrulnik）：一九三七年、ポーランド系ロシア移民の子として、フランス・ボルドーに生まれる。五歳の時、ユダヤ人一斉検挙によって両親を失う。本人も強制収容所に移送されそうになるが、直前に逃走し、生き延びる。のちにパリ大学医学部に進学し、精神科医となり、トラウマ論の第一人者となる。*Un merveilleux malheur*（『素晴らしき不幸』）, Odile Jacob, 1999の他、*Le Murmure des fantômes*, Odile Jacob, 2003（塚原史・後藤美和子訳『妖精のささやき　子どもの心と「打たれ強さ」』、彩流社、二〇〇七年）、*Je me souviens...*, L'Esprit du Temps, 2009（林昌宏訳『心のリジリエンス　物語としての告白』、吉田書店、二〇一四年）、*Sauve-toi, la vie t'appelle*, Odile Jacob, 2012（林昌宏訳『憎むのでもなく、許すのでもなく　ユダヤ人一斉検挙の夜』、吉田書店、二〇一四年）など多数の著作がある。

〔三〕ルイス・デ・ゴンゴラ・イ・アルゴテ（Luis de Góngora y Argote）：スペインの詩人。一五六一年、アンダルシアの古都コルドバに生まれる。聖職者として職につきながら詩作を重ね、のちにゴンゴリスモと呼ばれ、多くの模倣者を生む独自の作風を築き上げる。長編詩『ポリフェモとガラテアの物語』（一六一二年）、『孤独』（一六一三―一四年）、戯曲『イサベラの貞操』（一六一〇年）などの作品を残す。一六二六年、脳発作で倒れ、記憶障害が残る。一六二七年、コルドバにて死去（吉田彩子『ルイス・デ・ゴンゴラ「孤独」―評釈―』、筑摩書房、一九九九年、参照）。

〔四〕ジョゼフ・ルドゥー（Joseph LeDoux）：アメリカの神経科学者。一九四九年生まれ。ニューヨーク大学心理学部および神経科学センター教授。*Synaptic Self, How our brains become who we are*, Viking Penguin, 2002.（森憲作監修、谷垣暁美訳『シナプスが人格を作る　脳細胞から自己の総体へ』、みすず書房、二〇〇四年）では、脳が自己を構成する生物学的メカニズムを探究し、自己、および人格は「脳のなかのニューロン相互の接続パターンを反映する」という命題を導き出す。シナプスは脳細胞間をつなぐ接合部であるが、「脳内の情報の流れと蓄積のための主要なチャンネル」となっており、その接続パターンによって知覚・記憶・情動のプロセスが構造化されている。シナプスの結合は、遺伝と学習の双方によって影響されるが、いずれの脳のシナプス機構を形成することにより、心と行動に形を与える点では変わりがない。言い換えれば、自己、人格は生得的な要因によっても規定されるが、その土台となるシナプス接合には可塑性が備わっており、環境との相互作用によって大きく変化する可能性に開かれているのである。ルドゥーには、その他に *The Integrated Mind*, Springer, 1978.（柏原恵龍ほか訳、『二つの脳と一つの心　左右の半球と認知』マイケル・ガザニガとの共著、ミネルヴァ書房、一九八〇年）、*The Emotional Brain*, Simon and Schuster, 1996.（松本元・川村光毅ほか訳『エモーショナル・ブレイン　情動の脳科学』、東京大学出版会、二〇〇三年）などの著書がある。

第三章

ここで立ち止まって、ドゥルーズの指摘に含まれていたひとつの難しい問題について考えてみよう。それは、老いと病いとをいかに、また何故、同じ地平に置くのかという問題である。一方の老いは、自然に、少しずつ進んでいくものではないだろうか。他方の病いはいつも、思いがけず、突然に生じて、混乱を呼び起こすものではないだろうか。同一性のこの二つの変化をいかにして、同じ領域、コナトゥスの可塑性の領域に生じるものと見なしうるだろうか。

老いの問題は、きわめて多くの場合、またきわめて一般的に、可塑性の喪失として性格づけられる。そこに生じるのはやはり、「良き」可塑性の喪失である。その「良き」可塑性が持ち場を離れていく時に、もうひとつの「破壊的」可塑性が力をふるっているかもしれないとは、誰も考えない。しかし、老いについての二つの競合する考え方が密かにぶつかり合っていて、それは、創造的可塑性と破壊的可塑性という二つの可塑性に照らして、変化としての老いの定義を再検討することを可能にするし、出来事として見た時、いかにして老いそのものを病いと同一視しうるかを理解させてくれるように思われる。

老いについての第一の考え方は、世論においても科学者の世界においても広く共有されている目的論的な考え方で、それによれば、老いとは生命の自然な到達点で、成長のあとに必然的に訪れる衰えである。老いは「老いてゆく」という漸進的な動きから離れて考えることはできないように思える。この老いてゆくことについて見いだしうる最も基本的で雄弁なイメージは、高齢者臨床の専門家である精神分析家ジェラール・ルグエ〔一〕が提示するものである。その著作『加齢と快原則』において、彼は、人生を飛行機旅行に喩えている。「私たちは皆すでに飛行機に乗り込んでいる。私たちは皆、飛行過程は三つの基本的部分に図式的に分けることができることを知っている。上昇、水平飛行、そして降下である。子どもと若者の時代を上昇に、成人期を水平飛行に見立てるとすれば、降下は着陸するために必要な時間として表すことができるだろう[1]」。

　このように、老いるとはつまり、降下を始めることである。「再び飛行のイメージを用いるならば、すでに見たように、老いは飛行過程のなかの降下局

(1)　Gérard Le Gouès, *L'Âge et le principe de plaisir. Introduction à la clinique tardive*, Dunod, 2000, p. 14.

面に喩えることができる。それは、旅客機の乗客のように、生物学的に決められた道筋に身を委ねている主体が受動的に経験することもあるだろうし、あるいは、パイロットのように、その生物学的要求を自ら操縦しようと決意する主体が能動的にこれを生きていくこともあるだろう」[2]。飛行のメタファーはまさに、老いをゆっくりと少しずつ進んでゆく過程として性格づけることを可能にする。それは、人生の半ばに始まり、必ずや直線的に混乱なく進むとは限らないとしても、段階を順番に踏んでいくのである。

この老いてゆくという枠組みで見れば、可塑的であるということは、衰えに少しずつ形を与えることができるということ、いわば自らの老いを創出すること、「老いに馴染む」ことができるということ、「若々しいままでいられる」ことを意味している。逆に、可塑性の喪失は、下降していくことの受忍、後退、受動性、あるいは最終的な解体や崩壊の単なる受容、形を創出する術をもたない状態として理解される。

第二の考え方は老いを、漸進的な過程としてだけでなく、同時に、また反対に、ひとつの出来事として定義する。突然の切断、こう言ってよければ、飛行中の事故《アクシデント》。どれほど穏やかなものであったとしても、すべての老化現象の内には常に、思いもよらなかった一面、破局的な次元が存在するだろう。この、思いもよらなかった出来事としての老化という考え方は、第一の図式を複雑なものにする。老化について、老いてゆくというだけではどこか不十分なのだと教えてくれる。それ以上の何か、老化という出来事が必要なのである。突然、予測のつかなかった出来事が、一挙にすべてを動揺させる。老いについてのこの考え方は、徐々に老いてゆくことではなく、物語のなかでしばしば出会う「一夜にして白髪となる」という表現のように、その言葉によって、思いがけぬ、突然の変貌を意味することができるとすれば、瞬時の

（2） *Ibid.*, p. 23.

老化と呼びうるだろう。何かが起こり、それはその人を老化へと投げ落とし、老いてゆく過程のなかに転落の一瞬を刻み込む。転落は、老いてゆく過程の実現であると同時に、それとは別のものである。思いもよらぬ馬鹿げた出来事、悪いニュース、悲嘆、苦痛。そして、徐々に変わってゆく過程が突然固まってしまい、そこに、それまでになかった存在、形、個人が作り出される。

かくして、その瞬時性において、自然なプロセスと思いもよらぬ出来事の境界が決定不能になるという点で、老いは死と同様の性格をもつだろう。人が老いて、死んでゆくのは、自然になのか、それとも暴力的になのか。死とは、そのどちらかにはっきりと振り分けることができるものだろうか。

自分の周りで生きている人々が老いてゆく過程に、私たちは本当に気づいているだろうか。私たちはたしかに、ちょっと皺が増えたなとか、少し弱ったなとか、体が不自由になったなと思う。しかし、そうだとしても、私たちは「あの人は今老いつつある」と言うのではなく、ある日、「あの人も老いたな」と気づくのである。子ども時代に読んだ妖精の物語の悲劇的なヴァージョンと同じように、その人は老人に変身してしまったのである。この二つ目の考え方から見れば、可塑性は個人の爆破的な変形、紛れもない断絶を性格づけることになるだろう。老化は実存の連続ではなく、その断裂である。

ここで、老いについての二つの考え方を分けているのは、単に、またほとんどの場合、病気が介在しているか否かにすぎないのだと言って、私を諌める人もいるだろう。飛行機が下降していく途中に、老いの自然な行程のなかで、病理的な変化《アクシデント》が生じ、老いてゆく過程を断ち切り、突然の出来事という様相とともに変身をもたらすことがあるのだ、と。しかし、正確に言えば、老いについての二つの考え方の区別を可能にするのは、病いの不意の到来ではないし、少なくともそれだけではない。実際に、同じ病い、同じ損傷が、連続的な枠組みのなかで解釈されたり、突然の出来事として解釈されたりする。病いは、ひとつの宿命の達成とも、切断とももとらえられる。その点において、老いの可能性と病いの可能性を同一の実存的地平に置いたドゥルーズは正しかった。したがって私としては、老いについての二つの考え方は現実に、病気であれ健康であれ、老いてゆくすべての人のありようを、それぞれが性格づけうるということを強調しておかねばならない。この二つの考え方を、老化をとらえるための枠組みとすることを受け入れてはじめて、高齢者の精神病理、したがってまた高齢期臨床に対する十分なアプローチを真に試みることが可能になる。

老いについての第一の考え方、すなわち老いてゆくという考え方は、可塑性についてのある種の理解によって導かれている。それは、本質的な部分で、古典的な精神分析によって練り上げられてきた理解である。「可塑性（*plastizität*）」という概念を、フロイトは、多くの含意をこめて用いている。まず「心的生活の可塑性」と彼が呼ぶものがある。それは、患者の心理の行方に形を与える刻印が不壊《ふえ》の性格をもつことを示している。周知のように、フロイトにおいては、経験されたことは何ひとつ忘れ去られることがない。痕跡は消し去ることができない。刻印は修正されたり、変形されたり、再編されたりすることがあるとしても、消失することはない。原始のものが姿を消すことはない。したがって、心的生活においては、「すべての古い層が、そこから生まれたのちの層の傍らに存続している。継起関係は共存関係を含んでおり、一連の変形の全体が同一の素材から生じる。当初の心的状態が長年にわたって顕在化しないことはままある。それでも、それは存続しているのであり、だからこそ、ある時点で、その後のすべての発達が取り消されて後戻りさせられたかのように、心の力の表現形式に、しかも唯一の形式になって戻ってくることがあるのだ。心の発達のこの驚くべき可塑性は、その方向性において無制限なわけではない。その可塑性を、後方への回帰——退行——に向かう特別な力として指し示すことができる。発達の進んだ段階でのちに生じる層は、それが放棄されたら、二度と達成されえなくなる場合がある。これに対して、原始的な状態はいつも再び元通りにされうる。原始的な心理は、言葉の十全な意味において、不滅なのである。いわゆる精神疾患は、素人の目にはいつも、精神生活が破壊されつつあるという印象をもたらす。しかし実際には、破壊は、あとから獲得されたものとのちの発達にのみ関わっている。精神疾患の本質は感情生活と機能とが過去の状態へ回帰することにある。心の生活の可塑性の見事な一例は、私たちが夜毎に求める睡眠状態によって与えられる。たとえそれが馬鹿げていて混乱していたとしても、夢を言葉に表すことができるようになれば、私たちは眠りにつくたびに、苦労して身につけた道徳性を、朝にはまた身につけなければならない衣服と同じように、自分から遠いところに投げ捨てていることが分かる」(3)。ここでは、可塑性は、破壊されることなく変形される可能性を指し示している。それはまさに、破壊の脅威を回避する修正戦略を性格づけているのである。

可塑性についてのフロイトの第二の定義は、リビドーの生命力に関わっている。リビドーの可塑性は、その動態性（*Bewegtheit*）、すなわちその対象を変更する力、固定されたままにならず、備給先を変える力に結びついている。性愛のエネルギーは、ある特定の対象に備給される。しかしそれは、ずっと同じ対象について離れないのではなく、ある程度の柔軟性、まさに可塑性を備え、他の対象につながることができなければならない。言い換えれば、自由であり続けなければならないのである。

精神分析による治療の有効性は、第一に、このリビドーの可塑性に依存している。患者は、古い備給関係を発展させ、放棄し、逆に新しいつながりを作り上げ、別様に欲望することができなければならない。リビドーの可塑性は、患者が、しばしば自らを麻痺させ苦しめている、硬直した心理的配置に

（3） Freud, « Considérations actuelles sur la guerre et la mort », in *Essais de psychanalyse*, trad. Jean Laplanche, dir., Payot, 1981, pp. 22-23.〔フロイト、田村公江訳、「戦争と死についての時評」、『フロイト全集14』、岩波書店、二〇一〇年、一四六―一四七頁〕

囚われたままにならないことを可能にする。

ところで、フロイトによれば、老いはまさに、性的備給が弱まっていくことによってこのリビドーの可塑性が失われたり、著しく縮小したりすることとして性格づけられる。「症例『狼男』」において、彼は次のように述べている。「私たちが唯一知っていること、それは、心的備給の不安定さは、加齢とともに顕著に縮小していくということである」(4)。時間とともに、この性的衰えによって、患者は分析に参入することができなくなる。それゆえに、高齢者の精神障害の治療は成功の見込みがないのである。

今日では、この宣告はそれほど厳格なものではなく、高齢期の臨床の可能性がはっきりと確認され、実践されている。『加齢と快原則』において、ルグエは、可塑性の概念に関するフロイトの二重の意味づけ、すなわち、心理生活の破壊不可能性と、リビドー備給の強靭さについて再検討している。老いつつある人は、リビドー備給の自然の衰えを、過去の心理生活への無意識の執着によって補おうとすることをルグエは示す。それは、幼年期の心理的な姿への回帰として現れるのである。老人は、子どもの独我的な態度と自己中心性を取り戻すのだと見なされている。実際に、リビドーの衰えは、前性器的な部分的衝動の強化と自己愛的自閉をともなう。フェレンツィも同様の点を指摘し、次のように述べていた。「歳をとった人々は、再び子どものように自己愛的になり、家族や社会に対する関心の多くを失い、昇華の能力の大半は欠落する(…)。彼らのリビドーは、発達の前性器的段階にまで後退するのである(…)」[5]。

ルグエもまた、出来事としての老化、あるいは瞬時の老いという見方を、

(4) Freud, in *Cinq Psychanalyses*, trad. Marie Bonaparte et Rudolph Lœwenstein, P.U.F., 1954, p. 415.〔フロイト、後藤訓任訳、「ある幼児期神経症の病歴より〔狼男〕」、『フロイト全集14』、岩波書店、二〇一〇年、一二三頁〕

(5) Gérard Le Gouès, *L'Âge et le principe de plaisir. op. cit.*, p. 2. による引用。

まったく採用していない。彼は記している。「心理的な老いが正確にいつ始まったのかを定めることはできない。というのもそれは、生誕のようなひとつの出来事ではなく、成長過程と比較できるようなゆっくりとした漸進的プロセス、ただし、いくつかの点で成長とは逆向きの対称性を備えたプロセスだからである。とはいえ、人は老いの心理的な始まりをいつからと見定めることもある。その意味での老いは、永続性の幻想が、それまで忘却されていたリビドーの限界に突き当たる時点に始まるからである。この時点で、その幻想が、持続的な衰えの現れによって——女性における魅力の低下であれ、男性における力の縮小であれ——保ちきれなくなる。その衰えは、情緒的、精神的、肉体的、職業的、あるいは社会的な、たくさんの帰結をもたらすのである」(6)。ルグエは、老化の「心理的始まり」が存在することを認めている。しかし、この始まりは曖昧で不明確である。それは、生命の「自然な」傾きによって生じるもので、滑らかな傾斜を妨げる何らかの偶発事がもたらすものではない。

老いについての、この極めて古典的で慣習的な定義は、老いを性的な力（「女性性」であれ「男性性」であれ）の喪失、肉体的であると同時に心理的な、生殖的であると同時に心理学的な喪失によってのみ測るものであり、衰えは下り坂を持続的に降りていくような形で経験されることを前提にしている。そこには、突然の出来事も断絶もない。コナトゥスが急に押し黙るかのような変異も想定されていない。最終的には、自己愛的な補償過剰が、生殖力の衰えを補うにいたる。老人は、もはや誰かを愛することができないから、自分を愛するのである。

したがって、年老いた人が直面する問題への治療は、新たな昇華のはけ口を見つけること、抑鬱的な姿勢を解いて練り直すこと、あるいはリビドーの

（6） *Ibid.*, p. 8.

バランスを再均衡化させることを目指すものとなるだろう。この図式にしたがえば、可塑性は不壊のものを指し示すことになる。それは、傷み、損われるかもしれないが、決して完全に消え去ることはない。治療はやはり必然的に、何らかの形で、この残されているもの、幼年時代の残滓に立脚するものとなるだろう。

しかし、フロイトが主張するように心的生活が解体に抵抗するということは、それほど確かなことだろうか。心の内には破壊されざるものがあるというのは、確かだろうか。幼年期が残存するのは、確かだろうか。「精神疾患の本質は感情生活と機能とが過去の状態へ回帰することにある」という主張は、常に正しいのだろうか。私たちが「瞬時の老化」と呼んだもの、「一挙に」変わってしまう可能性は、この持続性に疑問を付し、老化を可塑性と見なす伝統的定義を動揺させる。瞬時の老化があるとすれば、それはかの突然の出来事であり、自らの幼年期に回帰することのない消失と、したがってまた、過去に避難することの不可能性、退行の不可能性に結びついている。

神経生物学の視点から見れば、老化は、変貌や同一性変容と同様に、それにともなう脳の再組織化によって特徴づけられるものである。ジョゼフ・ルドゥーは「神経の接続が変われば、人格もまた変わりうる」(7)と主張している。このようにして、突然に生じる変貌は自己像の根底からの再編をともない、主体をまた新たな生命の成り行きへと呼び込み、それに対してはいかなる防衛もなしえず、いかなる代償ももたらされない。

すでに見たように、病いが、徐々に老いてゆくことと瞬時の老化とを、老いを漸進的なものとする考え方と思いがけず突然現れるものとする考え方とを分けることを可能にする要素なのだ、とは考えるべきではない。私はここ

(7) Joseph LeDoux, *Neurobiologie de la personnalité, op. cit.*, p. 378.〔前掲、ルドゥー、『シナプスが人格をつくる』、四五五頁〕

であえて、神経生物学者たちが脳の損傷の検討から引き出してくる知見を一般化し、老いそれ自体をひとつの損傷と考えてみたい。実際に、私たちの誰においても、心的外傷経験と同様に、老いが一瞬のうちに一挙に出現することと、老いが警告もなく突然私たちを変形させ、見知らぬ人にしてしまうことがありうるだろう。その人はもはやまったく幼年期をもたず、枯渇した未来を生きていくことになるだろう。

老年性の認知症にかかっている人が、自分の過去の断片について想い起こし、これを語り始めた時、その人が、抑圧されていたものを解放することを必要としてそうしているのか——そうであるならば、その人の言葉は隠れていた事実を明るみに出すものであろう——、それとも、過去の自分とは切り離されたまったく別のことを語っており、いうなれば虚構の歴史、偽りの物語を構成しているのかを、誰が判別できるだろうか。

思いもよらぬ出来事としての老いという考え方は、確実に、精神分析の実践とは異なる臨床を要求する。爆発事故やテロのあとの救急医療班が行うのと同じように、高齢者の話を聞いたり、ケアしたりすることが必要になるだろう。心的外傷を負った人々と同様に、高齢者の話を聞き、ケアすることが求められるのである。

たしかに、ジェラール・ルグエが非常に正確に述べているように、「個人のそれまでの人格に応じて、また、脳への打撃によって課せられた奇妙な経験に耐える力があるか否かに応じて、一人ひとりに適した精神病理学が発展しつつある」[8]。二つのタイプの老化、漸進的な老化と瞬時の老化は、常に強く絡み合っており、互いに錯綜し、巻き込み合っている。だから、常になにがしかの同一性が、毀損した形であっても存続し、人格構造の一部分が変化を超えて持続するのだと言う人もいるだろう。そうだとしても、どれだけ多く

(8) Gérard Le Gouès, *L'Âge et le principe de plaisir. op. cit.*, p. 10.

の人が、死んでいなくなってしまう以前に、私たちの前からいなくなり、自らを置き去りにしていくことだろう。

＊

『見出された時』の一節。ゲルマント家の館で催された「パーティ」の場面で、年老いた語り手は、何年も会っていなかった古い友人たちに再会する。その場面は、先ほど示した老いについての二つの考え方、つまり漸進的な老いと瞬時の老いとを、見事に描き出している。プルーストはいわば、その両者を同時に生じさせている。より正確に言えば、『失われた時を求めて』の全編を通じてこの一瞬を準備しながら、プルーストは、眩暈と不安を一度に誘うような秘密のなかで、その両者を互いにぶつけ、衝突させているのである。

招待客たちは、それが誰だか見分けがつかなくなっている。語り手は言う。

「はじめのうち私は、どうしてこの家の主人や招待客たちがその人であるとはっきり言えないのかが分からなかった。どうして、皆が皆、同じように髪に粉をふって『顔を作って』おり、それで完全に変わってしまったように見えたのかが分からなかった」[(9)]。この「それで完全に変わってしまった」というところが非常に重要である。その言葉は、二つに裂けて葛藤を呼び起こすような変形、連続と断絶を同時にともなうような変形が生じていたことを明らかにしているからである。

はじめは、「時の力で形が歪んで見える」という表現――文字通りの意味で、形を変えて見せるような視点が生じている――は単なる年月の経過に対応しているのであって、それが人の造形にまで影響しているのだという印象

(9) Marcel Proust, *Le Temps retrouvé*, in *À la recherche du temps perdu*, Gallimard, coll. « Bibliothèque de la Pléiade », t. III, p. 920, 1983.〔マルセル・プルースト、吉川一義訳、『失われた時を求めて14 見出された時Ⅱ』、岩波文庫、二〇一九年、二六頁〕

を受ける。その人は、たしかに相貌を変えているのだが、結局のところは同一の人物にとどまっているのだ、と。「老いた」人は、時の流れによってつけ加えられた装飾《アクセサリー》を身に着けている。皺、たるみ、白くなった髭、曲がってしまった腰、体形の厚み、透明性と弾力を失った肌……。こうした、はっきりととらえ難い、奇妙なもの。例えば、ゲルマント夫人の頬に浮かぶ「緑青色のしみ」。「ゲルマント公爵夫人の頬は、昔と変わらないように見えるが、しかし今ではヌガーのようになったその頬に、私は緑青色のしみを、砕いた貝殻のピンク色のかけらを、はっきりとはとらえにくい腫れ物を見いだしたのだった。それは、寄生木《やどりぎ》の実よりも小さく、硝子玉ほどの透明感ももたないものだった」(10)。

一面では、新しい個人の構成は滞りなく、漸進的な動きを経て、滑らかに途絶えることのない場面進行によって、あたかも時が人をその人自身に重ね合わせていくかのごとく成し遂げられたように見える。「そこでは芸術家はとてもゆっくりと仕事を進める。だから、はじめてベルゴットを見た日にも、オデットに瓜二つのその顔に、ジルベルトの面影をかすかに見いだしていたのだが、時はついに最後までその仕事をやり遂げ、完全な似姿を作り出していた。長い時間をかけてひとつの作品に取り組み、一年ごとにそれを完成させていく絵描きたちと同じように」[11]。長い時間にわたる仕事、老いてゆく過程を構成する変形、それは細胞の一つひとつを別の細胞に置き換える作業を進めて、私たちの一人ひとりの内に、最期の時をゆっくりと準備するのである。

この場面の登場人物たちは、役を演じているかのごとくに扮装しているように見える。彼らは、つけ毛や鬘を着け、あて布や奇妙な人工の詰め物で体形を変えていた。このように、メイクした役者のように現れること、少しで

(10) *Ibid.*, p. 937.〔同前、六一頁〕
(11) *Ibid.*, p. 936.〔同前、五六頁〕

も自然な状態を作り出すために装いを凝らすこと、そこに老化の逆説がある。変装は、老いてゆくことの最良の友、共犯的な働きをする仲間である。

しかし、この同じ変装のメタファーが、老化の解釈をより複雑なものにしてしまう。変装が必要だということは、老いはやはり基本的に断絶であるということを意味している。老いは人をいつのまにか壊してしまい、その道筋を変更させ、誰かと入れ替わるように、別人となるように導く。プルーストが描いた場面の老人たちは、自分自身に扮装していると同時に、まったく別の人物に姿を変えている。彼らは自分自身を移動カメラで追い続けながら、同時に、絶対的な変貌のスナップショットを撮っている。「顔の特徴というものは、それが変化して、別様にまとまるとすれば、（…）また別の相貌を見せて、違った意味をもつのである」[12]とプルーストは記す。変形《デフォルメ》を施された肖像画は「元の姿には似ていなかった」[13]。アルジャンクール氏の目は、以前のそれとはまったく違う素材のなかに彫り込まれていたので、「印象がまったく異なり、別人のものであると言ってもよかった」。プルーストはさらにつけ加える。「彼は、昔の彼自身とは全然違っていたので、別人を前にしているのではないかと思ったほどだ(14)」。

さらに後には、次のような印象的な一節がある。「ここまで行くと、変装術はそれ以上の何かになり、人格をまったく別ものに変える」。アルジャンクールは「体だけは自分のものを使っていたけれど、昔の彼とはまったく違っていたのだ」。ここで、先に見たスピノザの分析を思わずにいることができるだろうか。「時には、その人が同一の人物だと言うことがためらわれるのだ」。同様にまた、その人の変形を極端にまで推し進めているのは、コナトゥスの一連の幅のなかでの変化ではなく、その構造そのものの変化であること

(12) *Ibid.*, p. 925.〔同前、三五―三六頁〕
(13) *Ibid.*, p. 936.〔同前、五六頁〕
(14) *Ibid.*, p. 922.〔同前、三一頁〕

を強調せずにいられるだろうか。「明らかに、ぎりぎりのところで（その体は）彼を動かし、なんとか破裂せずにすんでいたのだ」[15]。こうした光景は「人間の肉体の変形がなしうる限界を押し広げているように見える」[16]。

さてしかし、この変形の限界の彼方にあるものを、破壊的可塑性の働きと見るのでなければ、それをどのようにとらえうるだろうか。破壊的可塑性は、実現可能な形のレパートリーが尽きて、もはや何も提供できなくなる地点で、消滅による造形を行うのだ。

その両義性――自己の過剰であると同時に、秘かに進み突然現れるものでもある――によって、老いは決して真実の現れではない。少しずつ進んでいくことと、瞬時に投げ落とされることのあいだで、老いは決してその人の「本当の姿」を明らかにするわけではないのだ。先に見た漸進的な変形の図式にしたがって、老いが芸術家の仕事と同様に個人の特徴を際立たせていくものだとしても、「最後に」その人の本性が姿を現すわけではない。老いは本来の姿を逃れ、自分自身の真実から、その開示の力から脱け出していく。老いが提示するのは、自分自身に対する同一性を保っている自己であると同時に、完全に変貌した存在である他者である。プルーストはこの時間の可塑的両義的を強調してやまない。前進、発展、屈折、反復。それとともにまた、瞬時の変化、即時の変容、衝突、偶発事《アクシデント》。それらは、持続を免れ、あるいは少なくとも、連なりの厚みのなかにいつの間にか破壊による分岐を生じさせるように思われる。それは予見することのできない、痙攣のような、見事な、鉤爪の一撃を与えるのである。

(15) *Ibid.*〔同前、二九―三〇頁〕
(16) *Ibid.*, p. 923.〔同前、三二頁〕

訳注

〔一〕ジェラール・ルグエ（Gérard Le Gouès）：フランスの精神科医、心理学者。一九四〇年生まれ、二〇一一年没。パリ第五大学の客員教授などをつとめた。*Le Psychanalyste et le vieillard*（『精神分析家と老人』）, P.U.F., 1991. *Psycopathologie du sujet âgé*（『高齢患者の精神病理学』）, Elsevier Masson, 2000. *L'Âge et le principe de plaisir*（『加齢と快原則』）, Dunod, 2000. *Un désir dans la peau*（『皮膚のなかの欲望』）, Hachette, 2004. などがある。

第四章

それゆえ、時間のリズムに関するこの存在論的両義性にしたがって、少しずつ老いてゆくよりも前に、突然老け込んでしまうということもまた、老いのひとつの可能性としてある。あまりにも早く何ごとかが起こり、それはその人を急き立てるようにして、若さをすっかり消し去り、奪い取る。設計図にはなかった、予見されていなかった道筋をたどることを強い、突然の悲劇的な変貌を遂げさせ、若さの只中にあってその人から若さを剝脱する。

そのように「若くして老け込んだ女」として、あまりにも早く、偶発事によって、破壊的可塑性にしたがって老いてしまった女として、マルグリット・デュラスは『愛人　ラマン』で自らの姿を描いている。

書き出しの数行から、彼女の顔が問われている。すべてはひとつの出会い、空港での一人の男との出会いによって始まる。この男が彼女に言う。「ずっと前から、あなたのことを存じあげていました。あなたは若い頃には美しかったとみなさんおっしゃいますが、僕は若い時よりも今の方がずっと美しいと思います。若かった時のあなたの顔よりも、今のあなたの、嵐がすぎたあとのような顔の方が好きです。そう申し上げたかったのです(1)」。

若きマルグリット・デュラスの写真を見つけて、驚きを覚えない人などいるだろうか。これほどに若く美しい娘が、あの大きな眼鏡をかけて、しわがれ声で話す、くわえ煙草の、腰の曲がった、醜い、唇の垂れた女に、どうして化けることができたのかと思わない者はいない。実を言えばこの変化は、皆がそう思いかねないのであるが、長い年月を経て生じたのではない。それはまさに、一瞬の出来事だった。若さを誇っていた最初の女が、突然、急激に第二の女になったのだ。だからデュラスは、ほんの短い時間、たったの一八年間しか若い娘でいられなかった。彼女は、『変身』のグレゴール・ザムザのように、目を覚ましてみたら変貌していたのである。したがって、誰もその移行の過程を見ることはできなかった。若く美しい娘の写真と作家のイメージのあいだをつなぐものは何もない。おそらくはそれゆえに、皆は驚き、信じようとしないのである。時間の漸進的な浸食、プルーストが描いた変形の第一の様相を、デュラスは免れている、あるいはそれを奪われているように思われる。彼女は、秘かに時を早回しにする発条《ぜんまい》によって、自分自身の生きる時間の先に投げ出されてしまったように見えるのである。

（1） Marguerite Duras, *L'Amant*, Éditions de Minuit, 1980, p. 9.〔マルグリット・デュラス、清水徹訳、『愛人 ラマン』、河出文庫、一九九二年、七頁〕

デュラスは書いている。「私の人生のとても早い時期に、それはもう手遅れになっていた。一八歳ですでに、手の打ちようがなかった。一八歳から二五歳までのあいだに、私の顔は思いもよらなかった方向へと変わっていった。一八歳で、私は年老いた。誰にでもそういうことがあるのか、一度も尋ねてみたことがない。何度か、誰かが話していたように思う。若さの盛りを、人生の最も祝福された年齢を生きている時に、時の加速がしばしば自分に襲いかかってくるのだと。その老化は突然だった。私は老いが私の輪郭を一つひとつ奪い取り、バランスを変え、目を大きく見開かせ、まなざしを悲しげにさせ、口元をきつくし、額に深い襞を刻むのを見た。そのことを恐れるどころか、私は自分の顔に老いが進んでいくのを、例えば本を読み進める時のような興味をもって眺めていた。同時に、自分が思い違いをしているのではないこと、いつか老いの進行は穏やかになり、普通の行程を取り戻すだろうということも分かっていた。一七歳でフランスに来た時の私を知っている人は、二年後、一九歳の私に再会して驚いていた。その時の顔、新しい顔を私は保ってきた。それが私の顔となった。たしかにその顔もまたさらに老いていったが、そうなってもおかしくないほどにしか変わらなかった。私は、乾いた深い皺を刻まれた、罅割れた肌に覆われた顔をしている。それは、元々ほっそりとした顔の人が見せるようにたわんでいったのではなく、かつてと同じ輪郭を保っている。ただし、その元の素材が壊れている。私は壊れた顔をしている」[2]。

したがって、二つの老いが折り重なっているのだ。後者の「普通の」老い、徐々に老いてゆく過程は、もうひとつの老いほど速くは進んでいかないし、完全にそれに追いつくこともない。それは、すでに生じてしまった不幸の上に働きかける。つまり、「時の加速」のあと、瞬時の出来事のあとの老いな

(2) *Ibid.*, pp. 9-10.〔同前、八―九頁〕

のである。デュラスは二度老いた。早くに、そして遅れて。

若い娘の顔を襲った一撃は、おそらく、原因も説明も付けられないような、まったく偶発的な出来事の領域にあるものではない。たしかに、マルグリットの顔の傷は説明することができる。当時はマルグリット・ドナデューであったマルグリット・デュラスは、非常につらく不幸な幼少時代を過ごした。彼女がまだ七歳の時に、父親が他界する。兄のピエールは阿片中毒で、彼女に言葉の暴力と性的暴力を加え続ける。抑鬱的で偏屈な母親とは喧嘩が絶えず、母親は息子の方を愛していることを隠そうともしなかった。

インドシナで、彼女は飲酒の習慣を身に着ける。『太平洋の防波堤』のなかに、この習慣を予告するしるしを見いだすことができる。それは、シュザンヌが、ムッシュー・ジョーの提供するシャンパンの味に、少しずつ喜びを覚えていく場面である。「飲み始めるやいなや、私はアルコール中毒者になった」とのちにデュラスは書いている。たしかに、マルグリットの顔の傷は説明できるのだ。しかしそれは、のちに生じるアルコール依存の先取り、予感として説明される。「今の私には分かる。まだ若い頃、一八歳の時、一五歳の時に、人生の半ばになってアルコールとともに身につけた顔を予感させるような、あの顔をもってしまったのだ。アルコールは、神が担わなかった役割を果たした。それは、私自身を殺す、人を殺す役割だ。アルコールによるこの顔は、アルコールを飲む以前から現れていた。アルコールはそれを追認しただけだ。私のなかにはあらかじめその顔のための場所があった。私も人並みにそれを知ることになったのだが、奇妙なことに、その年齢になる以前にそうだった。自分のなかに欲望のための場所があったのと同じことだ。一五歳の時、私は快楽を知っているような顔をしていたが、まだ快楽は知らなかった。その顔はとてもはっきりと現れていた。兄たちもそれに気づいていた。私にとっては、すべてはこんな風に、この疲れ切って目立つ顔とともに始まったのだ。その時が来る前から早くも隈のできたその目とともに。身をもってなされた実験として[3]」。

身をもってなされた実験。たしかにここでは、偶発事は存在論的実験の次元に生じている。

顔がたどった予見されざる方向は、それ以前とそれ以後をはっきりと分けてしまった冷淡さを予告するしるしでもある。冷淡さと無関心。それは起こりうることだ。ある日ついに、もう自分の親も家族も愛せなくなるということが、起こりうる。「今はもうあの人たちを愛していない。以前には愛していたのかどうかも、今は分からない。私はあの人たちを捨ててしまったのだ」。こうした愛の喪失もまた、時の経過と「ともに」生じるのではない。近親の者たちを少しずつ好きでなくなっていくわけではない。そもそも、誰であれ、「少しずつ」好きでなくなっていくことなどできるものだろうか。私は、愛の終焉は常に突然であると言ってしまいたいほどだ。いずれにせよ、親に関しては間違いない。それは常に一瞬の内に訪れる。死の瞬間のように。死に別れるより前に、親たちからは離れている。そうであれば、現実の死は魂における死を確かなものにするだけである。それもまた同様につらいことである。死よりも前に別れを告げること、まだ何も決定的に終わっていないのに、決定的な別れを告げることは、空虚で冷たいものを生み出す。そしてそれは、恐ろしいことである。

たしかに、マルグリットの顔の傷は説明可能である。しかし、飲酒の習慣もまた変貌のあとに生じるのであるから、アルコールは原因ではない。実を言えば、原因は存在しない。それゆえにおそらくデュラスは、神は存在しない、神はアルコールに取って代わられるだけなのだと言うのである。「神は欠けている。若い日にこの空白に気づいてしまうと、神がいたためしがないということは、もうどうにも覆しようがない。アルコールは、世界の空虚に耐

（3） *Ibid.*, pp. 15-16.〔同前、一五―一六頁〕

えるために作られた。宇宙のなかでの星々の均衡、揺らぐことのないその循環、人の苦しみに無関心なその沈黙に耐えるために。酒を飲む者は、惑星のあいだに存在する。惑星と惑星のあいだの空間を動いていくのだ(4)」。

しかし、この宇宙に浮かぶ星のごとき存在様式は唐突に到来する。それ自体が、他の惑星からやってくる。原因もなく。その理由の不在において絶対的に専制的な形で。デュラスはくり返す。「飲み始めるや否や、私はアルコール中毒者になった」。何かが始まるということと何者かになるということの信じがたい同時性——飲み始めるや否や／私はなった——が恐ろしい。「私はすぐにも、アルコール中毒者のように飲んだ」。それは、ただちに習慣と化したのだ。はじめの一歩で、習慣が形成される。「私は誰にも引けをとらなかった。夕方に飲むようになり、それから昼に飲み、朝に飲み、そして夜中に飲むようになった。はじめは一晩に一回、それから二時間おきに。ほかの麻薬には一度もはまったことがない。もしもヘロインに手を付けたら、あっという間にエスカレートしていくだろうと、ずっと前から分かっていた」[5]。

アルコール依存は、その瞬時の出現によって説明される。つまり、それは説明されないということだ。ジブラルタルの水夫は、まったく何の理由もなく、その仕事と家族と知人たち、その「つながり」を捨てて、船上で、ひとりの女とあてのない愛の生活を始める。彼ら二人はいつも飲んでいた。「気持ちを立て直すためにウィスキーを飲んだ。僕はますますたくさんのウィスキーを飲むようになった。ようになった。そして、彼女もそうだった。彼女もどんどん飲む量が増えていった。旅が進むにつれて、僕らの酒量は増え続けた。はじめは

(4) Marguerite Duras, *La Vie matérielle. Marguerite Duras parle à Jérôme Beaujour*, P.O.L., 1987, pp. 22.〔マルグリット・デュラス、田中倫郎訳、『愛と死、そして生活』、河出書房新社、一九八七年、三五頁〕。この点については、ヴァンサン・ジョリ(Vincent Jaury)の論文« Duras et “la permanence de la blessure” » in *THS. Le revue des addictions*, n° 26, vol. VII, 2005, pp. 1338-1340. を参照。

(5) *Ibid.*, p. 21.〔同前、三四頁〕

夜に、それから午後に、ついには朝にも飲んだ。日ごとに少しずつ早い時間から。船にはいつもウィスキーがあった。彼女はずっと以前から飲んでいた。そうもちろん、彼女がそれを求めるようになってからずっと。しかし、この旅のあいだ、彼女は飲むことに以前よりも喜びを覚えていたと思う。すぐにも、僕も彼女のリズムで飲むようになった。そして、一緒にいる時には、飲みすぎないようにするということを完全にやめてしまった」[6]。この彷徨の理由はまったく分からない。それは他のすべてのことから切り離されて、それ自体の文脈性をもち、単独で海の上を進んでいくのである。

デュラスの文体はそれ自体が、その全体において、つながりと脈絡の削除の上に、学術的には連辞省略と呼ばれる修辞的文彩に立脚している。連辞省略とは、叙述と叙述のあいだや、一文内の分節を相互に結びつける接続詞を削除することによる、一種の省略法である。『修辞学辞典』では、「連辞を削除することによって得られる文彩」と定義される。それは、離接法に属し、言葉を互いにぶつけあうものである。次々に言葉がやってきて、互いに連なり、互いに折り重なるのだが、実際のところそれは常に偶発的な出来事として生じる。言葉はでこぼこに塗り重ねられ、滑らかさとつややかさと脂気をすっかり失い、社会とのつながりをもたなくなる。連辞省略とは、言語のアルコール依存である。

こうした修辞法を用いることで、解釈上の問題、取り違えの問題を生み出すことができる。連辞省略は、文を接続するいずれの語であっても削除することができる。連結詞（動詞「～である」）、時系列を表す接続詞（～の前に、～のあとに）や論理関係を表す接続詞（しかし、なぜなら、したがって等）、指示詞、副詞。その主要な効果は無秩序を表すことにある。それゆえに、連

（6） Marguerite Duras, *Le Marin de Gibraltar*, Gallimard, coll. « Folio », 1952, pp. 344-345.〔マルグリット・デュラス、三輪秀彦訳、『ジブラルタルの水夫』、早川文庫、一九七二年、三二二三頁〕

辞省略は、発話者の混乱に形を与えるために、会話のなかで頻繁に用いられる。「私はひどく疲れている。やられた。負けた。くたくただ」。

デュラスは因果関係を確立するのではなく、機械的に連なっていくものを描こうとする。実際のところ、それらは相互のつながりを欠いており、偶然に生じているように見える。「彼女は立ち上がった。ゆっくりと立ち上がった。立ち上がり終わると、もう一度服装を直した。男は彼女に手を貸さなかった。彼女は、まだ座っている男の正面に立った。何も言わずに。最初の男たちがカフェに入ってきて、驚いて、女主人に目で問いかけた(7)」。

反復と羅列——名詞、分詞、動詞——もまた、この記述スタイルの特徴である。反復が意味を拡散させ、種をまき散らす。「彼は、母親のどんな気まぐれにも応えて、道に石を敷き、木を植え、植え替え、枝を刈り、引き抜いて、植え直した(8)」。「母親は怒り狂い、口もきかず、嫉妬した(9)」。「カムの平原の十五の払い下げ地に、彼らは、おそらく百ほどの家族を、住まわせ、破産させ、追い出し、再び別口を住まわせ、もう一度破産させ、また追い出した」[10]。そして最後に、後置法がくる。動詞や主節が文の最後に置かれるのである。

（7） Marguerite Duras, *Moderato Cantabile*, Éditions de Minuit, 1958, p. 63.〔マルグリット・デュラス、田中倫郎訳、『モデラート・カンタービレ』、河出文庫、一九八五年、五八頁〕。ただし、こうした連辞の不在は彼女の文章の戯画的と言ってもよい特徴となっている。パトリック・ランボー（Patrick Rambaud）がマルグリット・デュライユ（Marguerite Duraille）の名で書いた二編のデュラスのパロディ、*Virginie Q.* (Balland, 1998), *Mururoa mon amour* (Jean-Claude Lattès, 1996) には、連辞省略が常に諷刺の前面に置かれている。「彼はそれをする。部屋の中の闇は深い。目を閉じた時のよう。それが怖れを誘う。彼女は怖れる」（*Virginie Q.*, p. 60.） 連辞省略の事例については、Veronique Montemont, « Marguerite Duras vue par la statistique lexicale », ATILF, 4 fevrier 2005. を参照。

（8） Marguerite Duras, *Un barrage contre le Pacifique*, Gallimard, coll. « Folio », 1978, p. 248.〔マルグリット・デュラス、田中倫郎訳、『太平洋の防波堤』、河出文庫、一九九二年、二一〇頁〕

（9） Marguerite Duras, *L'Amant*, *op. cit.*, p. 139.〔前掲、デュラス、『愛人』、一八二頁〕

（10） Marguerite Duras, *Un barrage contre le Pacifique*, *op. cit.*, p. 27.〔前掲、デュラス、『太平洋の防波堤』、三七頁〕

「嫉妬している、彼女は[11]」。「彼女をつかまえようとしてたくさんの回り道をする、でも彼にはつかまえられないだろう、決して[12]」。「ふしだらに、私たちはなっていた[13]」。

さらに、名詞が文の最後に置かれる。「何とか切り抜けて、私たちにも訪れるように、幸福が[14]」。あるいはさらに、「私は時々、兄たちをひとまとまりみたいに話した。あの人がそうしていたみたいに、私たちの母が[15]」。「私たちは一緒。彼女と私たち。彼女の子どもたち[16]」。「死が、つながって、彼から始まった。その子から[17]」。

主語はもはや、自らを起点として生成していく方向性にはしたがわない。語尾変化（活用）の通常の感覚にしたがって名詞を連結詞に、述語や語形変化に結びつけようとする傾向には乗ってこない。主語は最後に置かれる。あたかも語形変化から、それ自らの解体から生じたかのように。その解体は意味をもたない。ただ、どこにも由来しないということのほかには。老いは、あまりにも早く作家のもとに現れ、彼女の顔の傷もまたどこにも由来しない。それは、先行する何ものももたず、いかなる幼年期の痕跡でもない。幼年期は、蜃気楼のように、持続も実態ももたないのであるから。「とても早くから、私の人生はもう手遅れになっていた[18]」。

(11) Marguerite Duras, *L'Amant, op. cit.*, p. 31.〔前掲、デュラス、『愛人』、三七頁〕
(12) *Ibid.*, p. 48.〔同前、五九―六〇頁〕
(13) *Ibid.*, p. 58.〔同前、七四頁〕
(14) Marguerite Duras, *Un barrage contre le Pacifique, op. cit.*, p. 45.〔前掲、デュラス、『太平洋の防波堤』、三五頁〕
(15) Marguerite Duras, *L'Amant, op. cit.*, p. 71.〔前掲、デュラス、『愛人』、九二頁〕
(16) *Ibid.*, p. 21.〔同前、二三頁〕
(17) *Ibid.*, pp. 137-138.〔同前、一六七頁〕
(18) Marguerite Duras, *La Vie matérielle. op. cit.*, p. 26.〔前掲、デュラス、『愛と死、そして生活』、四二頁〕

ここでの老い、「時の加速」による老いは、デュラスに死をもたらした老いではない。八二歳、つまり高齢になってからの死。彼女は、意外なことに、アルコールにも病いにも最後まで抗し続けたのだ。彼女は、一度目の老いでは死ななかった。二度目の老いは、最後に、一度目の老いの避け難い必然に造形を与える。デュラスは、その若き日の老いによって死んだのではない。

第五章

死ぬのは自然なことだとしても、やはり死は不意に来たるもの、到来するもの、機会をとらえて訪れるものであり、その機会は偶発的《アクシデンタル》なものでしかありえない。病気になり、衰弱し、穏やかならざる状態で人は死んでゆく。眠ったまま死んでゆく場合でも、その人はただ自然に死んでゆくわけではない。死は決闘である。生物学的で、論理的な決闘。偶発事による急死もまた、その形を生み出す。不規則なことが起こり、それによって、ありえそうにもなかった時間のなかで、死の形が作られ、生命の成り行きを元々の目的地から遠ざけてしまわねばならない。ほとんどの場合誰もそれに気づくことのない、秘かな発明の時間。存在が自らに即興的に働きかける、この死と生の中間状態に、最後のけりをつけるための時間が、新たに立ち現れる。死に向かう者は、必然的かつ最終的に、自らを発明しなければならない。いついかなる時にも起こりえた死がついに可能なものとなるために、最後の瞬間に自らを造形しなければならない。

『ブッデンブローク家の人々』においてトーマス・マンは、上流ブルジョアの一家系のゆるやかな没落、ハンザ同盟の自由都市リューベックで卸売商、領事、市の参事会員を務めた家の四代にわたる衰退を描き出している。しかし、小説の主要な登場人物で、この家名を継ぐ最後から二人目の人物であるトーマスは、まだ壮年にありながら突然死去する。彼の死は、その唐突さにおいて、この家系を少しずつ消し去ってゆく緩やかな衰退の動きとは一線を画している。トーマス・ブッデンブロークは、ただの歯痛によって死ぬのである。

奥歯が虫歯になって、彼はかかりつけの歯科医であるブレヒト医師のもとへ行く。この診療の語りは、その後に生じる死の不条理な苦しみを予告している。

「三秒か四秒のあいだのことだった。ブレヒト医師の手のふるえが、突然トーマス・ブッデンブロークに伝わってきた。椅子から少し身を起こして、歯科医の喉がかすかにきしむような音を立てるのを聞いた。突然、激しい衝撃、振動が生じた。首の骨が折られたかのように、みしっと罅が入り、何かが切れたようだった。圧迫感は治まったが、頭の中がぶんぶんとうなり、鋭い痛みが、手荒く扱われて熱くほてっている口のなかで巻き起こっていた。彼は、こんなはずじゃない、これは問題の解決じゃないとはっきり感じた。しかし、早々に起こった惨事は事態をさらに悪化させていた。ブレヒト医師は、たじたじと退いた。器具の入った戸棚にもたれかかり、死人のように青ざめて彼は言った。『歯冠ですね、そうではないかと思っていたのですが』。

「トーマス・ブッデンブロークは、脇にあった青い皿の中に少しの血を吐き出した。歯茎が傷つけられていたのだ。それから、半ば無意識に彼は尋ねた。『何を心配されていたのですか。歯冠がどうしたのですか』。『かけてしまったんです、参事会員殿。それを恐れていたんだが、歯がすっかり駄目になっています。まあそれでもやってみるのが私の務めでしょうから』。『どうするんですか』。『根を引き抜くんです。梃子でね。四本です』。『四本？　では四回もくり返さなくてはならないのですか』。『残念ながら。（…）参事会員殿。明日か明後日、ご都合のよい時間にまたお越しいただけるとありがたいのですがね（…）』。

「梃子で抜くのか、そうなのか。でも、それは明日なんだな。じゃあ、今日はどうする。家に帰って、休んで、眠ることにしよう。（…）彼はフィッシャー街にたどり着き、左手の歩道を降りていった。二十歩ほど進んだところで、気分が悪くなった。『向うの酒場に入ってコニャックの一杯でも飲まにゃいかん』。彼はそう思って、車道へと出た。道の真ん中まで来て、自分の脳が抵抗できない力にとらわれ、引っ張られていて、そのスピードがどんどん増して恐ろしいほどになっているのを感じた。自分は同心円をぐるぐると回っていて、どんどんその輪が小さくなっている。けた外れの、強引で、容赦のない力が頭を砕いて、最後には、この渦巻きの円心の硬い石にぶつかってしまいそうだ。彼は半回転して、腕を広げたまま転倒し、顔を濡れた路面に打ちつけた。道が急坂なので、上半身が自分の足よりずっと下になっていた。彼は顔から転び、大量の血がすぐにも体の下に広がり出した。帽子が車道の上を転がった。毛皮付きのコートに泥と溶けだした雪の染みがついた。白い手袋をつけた彼の両手は、血だまりの上に、広げたまま投げ出されていた」。

「彼はそこに横たわっていた。何人かの人が駆け寄ってきて、仰向けにさせるまで、ずっとそのままだった[1]」。

トーマスの死からほどなくして、その息子ハンノが死ぬ。一族の最後の男子で、家系の唯一の継承者だった。ハンノはチフスに罹り、その後に亡くなる。小説の最終盤の見せどころは、二つの死を分ける隔たりにある。一方は、突然の死。他方はもっとゆっくりと進んでいく死であり、しかし両者とも同一の退廃をしるしづけている。それでもやはり、二つの死去のあいだには、とらえ難く受け入れ難いずれが生じている。トーマスの妹は、人はチフスで死ぬことはあっても、歯の痛みで死ぬなんてことはありえないと思っているようである。

「歯が悪くて死んだんだ！……ブッデンブローク参事会員は歯痛で死んだんだと、人々は街中で噂していた。いやいやだけど、そんなことで人が死ぬものか。ひどい痛みがあったんだ。ブレヒト先生が歯冠をかいてしまったんだ。それに加えて、坂道で転んでしまって、死んでしまったんだ。でも、そんな話を聞いたことがあるかい？」(2)。

トーマスの死は、ブッデンブローク家の、避け難く、ゆっくりとして気づかれない、しかし確実な没落過程の小休止を示している。歯医者での診療場面で起きた不条理な出来事は宿命の婉曲な現れ、もうひとつの宿命の裏返しの表現——原則的にはどのような不測の事態によっても妨げることができないであろう悲劇の進行に抗する、偶発的な出来事の不連続性——である。ハンノの方は、この容赦のない悲劇的必然の犠牲者である。彼の女性的で沈鬱な性格、才能はあるが確かな形を取って浮かび上がってくるわけではない鋭敏な音楽的資質、消耗熱のように彼にもまた取りついている慢性の歯の痛み、最後には彼を打ち負かしてしまう病い、こうしたことのすべてが、トーマス

(1) Thomas Mann, *Les Buddenbrook*, trad. Geneviève Bianquis, Fayard, 1965, pp. 579-580.〔トーマス・マン、望月市恵訳、『ブッデンブローク家の人びと（下）』、岩波文庫、一九六九年、二四二—二四四頁〕

(2) *Ibid.*, p. 588.〔同前、二五六頁〕

の死の奇妙な対照項を形作る。父親の死と息子の死は、瞬時的なものと漸進的なものとの葛藤として演じられる。

ハンノはある日、突然、貴重な手帳の最後のページに線を引いて消してしまう。そこには、一家の系譜が記録されていた。このようにして彼は、象徴的に、一切の継承の可能性を消去する。はっきりとした強い二本の線で、そのページに書かれていたことをすべて消してしまう。この消えてゆく炎のなかに、ランプと黄金色のダンツィッヒ酒と薄黄色のアーモンドクリームのかすかな光に照らされたブッデンブローク家のゆっくりとした消尽のなかに、トーマスの、偶発的で、馬鹿げていて、予見しえなかった、その身にふさわしからぬ最期が、叫び声のようなものを投じている。退廃は二つのリズム、二つのメロディを備えている。第一のそれは、ワルツのようにゆっくりと進む。第二のそれは、不協和音を奏でながら速いテンポで進む。雷の一撃のような可塑的創造が生まれる。

＊

複数の人が罹る病いは、それ自体においては、互いに同一のものであるかもしれない。しかし、病む人についてはそうではない。「実際に、二人の病者のあいだには、二人の個人のあいだに見いだされるのと同等の類似性しか見いだせない」[3]。病いは多くの場合に、生と死のあいだにある出来事と見なされる。しかし、病いという出来事が死に至る出来事になるためには、言ってみれば、出来事についての出来事が生じなければならない。この出来事についての出来事は、死の形そのものであり、それは無条件に出現し、時間のなかでいわば宙づりになっており、その動きは、ここでもやはり加速していく

（3） Pierre Marty, *Les Mouvements individuels de vie et de mort, Essai d'économie psychosomatique*, Payot, 1976, p. 71.

ばかりである。死の形は、不意に立ち現れる。しばしば、その性急さゆえに、その像や輪郭、死にゆく人が取る歩調があまりにも素早く現れるために、人はそれに気づくことがない。

しかし、私がここで語っている、生きながらにして死を迎えてしまったかのような人々、つまり、死より前にその主観性を無くし、自らの終わりに新たな姿を取る人々においては、死の形がはっきりと見える。それは、一定の時間持続し、人々の目を奪う。私たちはそれを、救急病棟や、養老院や、高齢者のホスピスや、神経変性疾患の治療機関で見ることがある。死の形は、最悪な事態の突然の配置として定義されうる。

実際、実存的な問題や健康上の問題といった重篤な問題を抱えることなく生活を送っている人々においても、最後の瞬間は常に、破壊的可塑性によって生み出される変貌として訪れる。人は、ずっとそのようにあった者のまま死んでゆくのではない。突然そうなってしまった者として死ぬのである。そして、そうなってしまった姿は、常に、不意の逃亡、突然の撤退という形を取るのである。

マルグリット・デュラスの身に起こったこと。その顔の突然の衰え、その早すぎる老い、その生命の可塑性がもたらした出来事《アクシデント》はおそらく、私たち皆の内にも、秘かに、さまざまな程度で、さまざまな形で起こっている。人は死すべきものとして形作られている。この言葉は、哲学者たちがそう信じ込ませてきたように、人は死を迎え入れることができるとか、自らの死を作品とみなし、自分の最期を造形することができるということを意味しているのでは決してない。というのも、人が自らの死に形を与える時に形作られてしまうものが、死であるのだから。形の爆破が、死を手なずけようとする試みの一切、ソクラテスが牢の中で語った「魂の自らに対する覚醒」に先立ち、それを妨げるのである。

人が、破壊によって形作られる時、幼年期に対する、過去に対する一切の関係を必然的に失うのだとしたら、その人はどのような姿になるのだろうか。人が最期の時に、あるいは、最期の時が死の時に先立って訪れるのであればそれ以前に、見せる顔とはどのようなものだろうか。ひとたび破壊によって変貌を遂げてしまったならば、破壊的、爆破的、爆発的な可塑性によって形作られてしまったならば、人はどのようなものになり、どのようなものに見えるのだろうか。それがどれほど美しく、また決定的であるとしても、オウィディウスが語る樹木や動物や空想上の存在のような姿になるという考え方を、私たちはすでに棄却した。その時、人は生きているものには見えない。しかし、生きていないものにも見えない。おそらく、生命をもつものと生命をもたないもののあいだにある何かを想像してみなければならないのだ。したがってそれは動物ではないし、石のような無機物でもない。非動物（＝生気を無くした生き物）と言うべきだろうか。狭間にあるもの、あるいは、逆に両者を媒介するものをまったくもたない存在。魂の外に、有機的なものの外に投げ出され、媒介物を爆破してしまう存在。死の欲動がさし向けられるものですらない、ひとつの存在様式。かの非有機的な受動性、物質的慣性にしたがう状態。

ではその時、人はどのようなものに見えるのか。「何ものにも見えない（ressembler à rien）」、つまりは「無（rien）」に見えるのだと言う人もあるだろう。しかし、「無に見える」とはどういうことか。病院であてがわれた服をまとっているアルツハイマーの患者たち。それは自分の服ではなく、共同の衣類ケースから取り出されたもので、たいていはサイズが大きすぎている。その患者たちは何ものにも見えないのだろうか。そうではない。彼らは無に見えるのではない。というのも、「無」という言葉は、互いにあまりにも似通ったものを指し示してしまうからだ。それは、存在を裏返しに語る、存在論の発明のひとつであり、したがって逆説的にであれ、結局のところは同一性に通じる一致の様式を語るのである。アルツハイマーの患者たちは、実際には、無に至らないものに見えるのだ。

その人の顔、つまり、その時その人がどのように見えるのかと言えば、それは、その人がもうそこにはいないと知った時に他の人びとが見せる顔に近いのではないかと、私は思う。もちろんそれは、ほとんどの場合に、もうどうにも関わりようがないという意味での無関心の顔である。自分自身の死亡広告を読む可能性を想像してみなければならないだろう。その人は、他の人々と同じ顔、自分のことを無視している人々と同じ顔をしている。人々がその知らせを読んだり聞いたりした時に見せる顔、ちょっと驚いた様子で、わずかに眉を顰め、一瞬時が止まったように、いくつかの思い出がよぎり、しばし目が宙を泳ぐ。他者の死に対する関わりようのなさが、自分自身に対して不在になってしまったすべての人の顔を構成する。無感情のまま凝り固まってしまった顔は、もはや互いにまったく区別がつかなくなるのである。

人はそのようなものに見える。死ではなく、自分の死に対する他者の無関心を先取りするのだと、私は本当に考えている。いわば先取り的に、その無関心を模倣するのである。そもそも、脳に損傷を負った高齢者の顔を見ると、そこには、目を引くほどに恐ろしいものは何ひとつない。彼らは、華々しく大仰な変身を遂げているのではない。そうではなく、彼らはまったく以前と変わっていない。ただ、それに加えて無関心なのである。私たちはそのように見えるものとなる。自分が死んでも悼むことのない、どうでもよいと思える人々の思い出のなかで、自分が取るであろう姿に近づいてゆく。すべての人の思い出のなかにあって、誰の思い出のなかにもない、その姿に。

第六章

「ノー」を言うことは可能だろうか。決して「イエス」へと覆ることのない、きっぱりとした「ノー」を言うこと。こうした問いが、偶発事の存在論の必要性を明確なものにする。生命が自分自身に対してノーを言う術はあるだろうか。持続性に対して、記憶や幼年期の存続に対して、統一の取れた形に対して、賢明な変身に対して、漸進的な衰えに対して、否定的なものそれ自体の前進に対して、ノーを言うことは可能だろうか。これら一連の問いは、以下のようにまとめることができる。もっぱら否定にのみ結びついているような、可能態の様式は存在するのか。可能なもの一般の不可侵の原則と思われるもの、すなわち肯定の原則には回収することのできない、ある種の可能態。ほかでもない、破壊的可塑性は可能だろうか。

通常、可能性の概念は、構造的に肯定と結びついている。肯定するとは、それが可能だと言うことである。また反対に、それが可能だと言うことは、常に肯定するということである。可能性とは、なしうること、その存在者の身に起こり、存続しうることを指し示すものである。定義上、可能性は自らを可能なものとして肯定するのであり、この同語反復は否定的なものの排除によって完結する。これまでに可能なものについて論じた最も美しいテクストのひとつ、『実践理性批判』のなかの道徳的法則に関する意識の原形に関わる一節は、可能なものについての見事な論証を提示している。「(ある人に)訊ねてみよ。ある善良な人間をもっともらしい口実の下に一掃してしまいたいと思っている君主があなたに、この命令に背けばただちに死刑にすると言って、その善良な男に不利な証言をせよと命じたとしたらどうだろう。あなたは、生きていたいという思いを、たとえそれがどれほど強い思いであっても、克服することを可能なものと見なすだろうか。その人は、あるいは、自分がそうするともそうしないともあえて断言しないかもしれない。しかし、自分にとってそれは可能なことであることは、ためらうことなく認めるであろう[1]」。

ヘーゲルはぬかりなく、この推論の矛盾した形式を指摘する。ここで人は絶対的な否定の可能性を肯定している。あなたはノーと言えますか。すべてに対するノーを。生命を放棄することができますか。はい、私にはそれは可能です。この時、自由が、ノーに対してイエスと言う可能性から生まれる。

(1) Kant, *Critique de la raison pratique*, trad. François Picavet, P.U.F., 1971, p. 30.〔イマヌエル・カント、波多野精一・宮本和吉・篠田英雄訳、『実践理性批判』、岩波文庫、一九七九年、七二頁〕

したがって、絶対的な否定は、その原理において肯定的なのである。そこからヘーゲルは、一切の可能性は常にその現実性（effectivité）に向かうものであり、一切の否定はその裏面のエネルギー、すなわちその肯定的な力、イエスと言う力とひとつのものなのだと論じるようになる。この時、ノーと言うことが常に何事かの可能性を措定することにつながるのだとすれば、純然たる否定は可能ではなくなる。絶対的な拒否は可能ではないのである。

では、否定はわずかなチャンスももたないのだろうか。私が明らかにしたいと思う可能態——いかにしてノーを、覆されることのない、元に戻すことのできない、きっぱりとしたノーを言うか、いかにして容赦なき破壊を思考するか——は、否定的可能態と名づけられうるだろう。この可能態は、可能なものの否定ではない。それは、不可能なものと同一視されるものでもない。肯定に再回収されることのない否定的可能態は、いかなる欠損の表現でも、不足の表現でもない。それが指し示しているのは、肯定されるのでもなければ、失敗として現れるのでもなく、ただ形を成すだけの、否定的なものの力あるいは性向である。すでに指摘したように、こうした可能性の探求に足を踏み入れることは直ちに、その意図を、イエスとノーの手前およびその彼方、さらには、伝統的に理解される意味での肯定的なものと否定的なものの手前およびその彼方に位置づけることになる。

それは、イエスともノーとも答えないという心理的態度の内に、フロイトが「否認（*Verneinung*）」(2)〔一〕と呼ぶ非常に特異な感情的で知的な身ぶりの内に、答えを見いだすということだろうか。フロイトが言う「否認」は、破壊的可塑性に固有の論理的作動様式を性格づけることができるだろうか。

（2） Freud, *La Négation*, trad. Jean Laplanche, in *Œuvres complètes*, vol. XVII, 1923-1925, P.U.F., 1992, pp. 165-171.〔フロイト、石田雄一訳、「否定」、『フロイト全集19』、岩波書店、二〇一〇年、一—七頁〕

否認は、否定的可能態を指し示すのに最も適した言葉だろうか。フランス語でもドイツ語でも、「否認する（dénier）」という語は「否定する（nier）」という意味しかもたない。辞書によれば、「否認する」とは「正しいと認めることを拒否すること、異議を唱えること、否定すること」である。否認（dénégation）という名詞は、一般には「異議、打ち消し、拒否、取り消し、否定」として定義される。しかし、周知のようにフロイトは、この語に新たな意味を授ける。否認とは、人が抑圧した欲望や感情や対象を自らのものとして認めることを拒否する行為である。『精神分析用語辞典』は次のように説明している。「人が、それまで抑圧されていた自分の欲望や思考や感情のひとつを表明しながらも、それが自分のものであることを否定することで、自分を防衛し続けようとする方法[3]」。

この時、破壊的可塑性は否認の一形態だと考えることができるだろうか。脳に損傷を負った人、排除された人、心的外傷を負った人は、自分の身に起きたことから自分を守り、それを見ることを拒否し、自分の苦しみに距離を置こうとして、この心理的悪循環にとらわれてしまったのだろうか。

否認する人は、ノーと言いつつ、そのノーはイエスである。フロイトが記す事例では、ある夢について語った後、患者は分析家に次のように話している。「夢に出てきたこの人物は誰なのだろうとお思いですね。私の母親だろうと。（しかし）それは母ではありません」[4]。精神分析家は即座にこの一文を告白と解釈している。「それは私の母親です」と言っているのだ——患者が分析家の解釈に向ける打ち消しの口調が激しいものであればあるほど、それは実際には告白または肯定であることを表してしまっているのだと取るので

（3） Jean Laplanche et Jean-Baptiste Pontalis, *Vocabulaire de psychanalyse*, P.U.F., 1967, p. 113.〔ジャン・ラプランシュ、ジャン＝バプティスト・ポンタリス、村上仁監訳、『精神分析用語辞典』、みすず書房、一九七七年、三九六頁〕

（4） Freud, *La Négation*, *op. cit.*, p. 167.〔前掲、フロイト、「否定」、三頁〕

ある。「私の母親だろうとお思いですね。それは母ではありません」。「ということはつまり、明らかに、それは母親だということなのだ」。

論理上のひねり技――否定を肯定へと変換すること――に立脚したこの方法は、「非常に使い勝手が良いものである」とフロイトは言う。「(患者に) 尋ねる。この状況のなかで最もありそうもないと思えるものは何ですか。あなたの見るところ、その時点であなたに最もそぐわないものは何ですか。患者がこの罠にかかって、自分がそうであるとは思っていないものを名指せば、それよってほとんど常に、患者は最も本当のことを語っているのである」(5)。この時、解釈は、患者が語ることを系統的に反対の意味に取ることにある。患者がノーと言えば、それをイエスと理解する。そうだとすれば、精神分析もまた、その全体において、否定を否定することに躍起になっているのではないだろうか。

そうであれば、先の問いには決着がつくように思われる。否定すること、あるいは否認することが、それぞれにどれほど多様であれ、常に肯定に回収されるのだとすれば、同時にまた否認するとはある意味で否定することの不可能性を意味するのだとすれば、私たちは先に示した循環から脱け出すことができない。この時、否定的可能態、破壊的可塑性によって開かれる実存的な可能態を、心理的拒絶のメカニズムに還元することはできないだろう。心理的拒絶は、実際には、肯定の一形態に帰着することになるからである。

とはいえ、フロイトの言わんとするところは、これよりもずっと複雑であることを認めなければならない。否認とは、その反対項に覆されるような単なる否定ではない。もし、単純にそうであるなら、分析による治療は簡単で迅速なものとなるだろう。たしかに、否認とはまさに逆向きに置かれた肯定、裏返しの肯定であるのだが、同時にそれ以外のものでもある。実際に否認は、

（5） *Ibid.*〔同前、三頁〕

明らかにその逆のことを語ってしまいながらも、否定であり続ける。否認する患者は、分析によって見抜かれてしまうのであるが、それでも否定を続け、明らかな事実を認めようとしない。したがって、証拠が証拠としての力を失い、私たちはここで、いかなる真実や現実を突きつけても屈することのない抵抗の壁に出会うことになる。精神分析家が、否認された対象、例えばそれが母親であることを明らかにした——「それはあなたの母親です」と言った——としても、患者をその事実に直面させるにはいたらない。分析家は、それを再び否定させてしまう。つまり、単なる可能態に戻してしまうのである。「それはあなたの母親です」と分析家は言う。しかし患者はそれを認めない。それが母親であるということは、現にそうであるものではなく、そうであるかもしれないものになる。患者は反論する。「そうかもしれません。でも、それはあなたの意見ですよね」。存在するのでも、存在しないのでもないもの。ただ可能であるにすぎないもの。それが母親であるということは、永久に留保される。

さて、私たちはここに否定的可能態を見いだしたのだろうか。否定的可能態は、他者によって示唆されているだけで、存在論的に留保された状態にとどまるもの、そこに存在するという地位をもたないものに、まさに対応しているのではないだろうか。破壊的可塑性は、自己に対する現前の永続的な留保、あるいは後退によって、偶発的な傷を負った生活、心理を形作っているのではないだろうか。

しかし、まったくそうではない。実際に、存在の臨界域に留まっているものに、フロイトは抑圧されたものという名を与えている。否認と抑圧の結びつきは解くことができないものである。「したがって、抑圧された表象や思考の内容は、否定されることを条件として意識のなかにまで浸透しうる。否定は抑圧されたものを認識するひとつの様式であり、本当のところすでに抑圧は解除されているのだが、抑圧されたものが承認されているわけではないのである」[6]。否認は「抑圧されたものの承認」ではない。そうであるとしても、すでに見たように、否認はまた抑圧の告白でもあり、排除された対象が何であるのかを明らかにしてしまうのであるから、ある意味で抑圧を解除するものである（「それは私の母親ではありません」と言うことは、ある意味で「それは私の母親です」と言うことにほかならない）。これに対して破壊的可塑性は抑圧に端を発して作動するものではない。偶発事――心的外傷、破局、損傷――は抑圧されるわけではない。しまい込まれたり、隠し込まれたり、その存在が承認されなかったりするわけではない。犠牲者の冷淡さや感情的無関心は、迂回の戦略ではないし、フロイトが知的否定性と感情的否定性を区別することで明らかにした否定の層の深さに対応するものでもない。

現にフロイトはこう述べている。人はあるものを知的には認めることができても、感情的には認めることができない。「この点で知的機能と感情的過程がいかに一線を画しているのかが分かる」[7]。したがって、二つのタイプの否定性が存在するのだ。一方は感情的かつ無意識的で、抑圧の過程に対応する。他方は知的なもので、否定性は判断の機能となる。あるものが存在するか、あるいは存在しないかが問われるのである。しかし、後者は前者から生じる。『否認（*Die Verneinung*）』の続きの一節で、フロイトはこの二つの否定性の関係を分析し、統辞や思考や判断のなかで働いている論理的否定性は、その起源を幼年期の感情的な否定性の内に有すること、論理的否定性が、続いて今度は感情的否定性を抑圧することによって、そこから解放されることを示している。このようにフロイトは、一方の否定性の力が他方の否定性へと移譲されていく諸段階を跡づけている。

否定的判断を述べる時、私たちは何をしているのだろうか。私たちは、純粋に象徴的な形で、幼年期に身に着けた古い身ぶりを再現している。排除、

（6） *Ibid.*, pp. 167-168.〔同前、四頁〕
（7） *Ibid.*, p. 168.〔同前、四頁〕

外部化、拒絶。こうした否定の心理的起源は、のちには忘れられる。フロイトはここでそれを再現働化しているのである。彼はまず、判断の論理的機能は二面的であることに注意を促している。それは、帰属（帰属判断は、ある属性または特性がある主体のものであることを示す）と存在（判断は、しかじかのものが現実の内に存在するか否かを決める）の二面に関わる。一切の否定性は、その起源を「快自我」の内に見いだす。帰属判断の起源は、おいしいと感じるものを食べ、まずいと感じるものを吐き出そうとする自我の性向の内にある。「判定されなければならない特性は、もともと、おいしいかまずいか、有益か有害かにあっただろう。特性はまず、最も古い衝動的運動、すなわち口唇の運動の言葉で表現される。それを食べたいか、それを吐き出したいか。そして、その言い換えをさらに推し進めていく。それを私の内に取り込みたいか、私の外へ排除したいか。このようにして、それは私の内にあるべきか、外にあるべきかが判断される。私がほかのところで示したように、快自我とはもともと、よい（おいしい）ものの一切を内に取り込み、悪い（まずい）ものの一切を自分の外に投げ出そうとするものである」[8]。

否定的判断を論理的に表明する時、すなわち、ある実体にある述語を帰属させることができないと語る時、私たちは、排除あるいは吐き出しの原初的身振りを、象徴的、知的に反復している。したがって、否認は非常に明確な感情的起源を有している。それは拒絶である。有害なもの、あるいはまずいものだと自我が判断した対象がもちうる唯一の可能性は、存在の外部に排出されることにある。存在しないものにされるのではなく、まさに、存在の外に投げ出されること。存在者たちの領分から排除されること。抑圧されたもの、否認されたものとは、この意味において、存在論的に吐き出されたものである。現前の外部へと拒絶すること。

（8） *Ibid*., pp. 168-169.〔同前、四―五頁〕

この拒絶されたものもまた無ではなく、それは、否定的可能態を特徴づけるものではない。否定的可能態は、拒絶や吐き出しから生まれるわけではない。偶発事は決して犠牲者によって内面化されるのではなく、心理的な行く末に関わらないものであり続け、個人の履歴のなかには統合されない。個人は、心的外傷を自分の外に投げ出したりしないし、それに対して、食べたいとか吐き出したいといった、いかなる欲望も抱かない。

フロイトにおいて、拒絶されたものは無ではない。それは、排除されなければならないのだから。そしてまた、その排除が反復されうることが必要である。判断の二つ目の形式——存在の判断——について分析するなかで、フロイトは、この判断が内と外の区分の定常性を確かなものにしたいという、非常に早くから生じる欲求に立脚していることを示している。よいもの（おいしいもの）を「取り込む」こと、それは内部化することである。悪いもの（まずいもの）を拒絶すること、それは外部に置くことである。その上で、内と外は安定性、実在性をもたなければならない。私たちがここで論じている偶発事の体験者は、その安定性、実在性をもつことができなくなっている。実際に、人はそれを欲する時に、よいもの（おいしいもの）を見いだし、やはりそれを欲する時に、悪いもの（まずいもの）を吐き出すことができなければならない。「判断の機能によるもうひとつの判定、表象された物の実在に関する判定は、もともとの快自我から出発して発達する最終的な現実自我の関心事（実在性の検証）である。ここでは、知覚されたあるものが（…）自我の内に迎え入れられるべきか否かではなく、自我の内に表象として在るものが、知覚においても発見されうるもの（実在）であるかどうかが問われている。あらためて外部と内部の関係が問われていることが分かるだろう。実在しないもの、表象されているだけのもの、主観的なものは、内部にしか存在しない。他なるもの、実在するものは、外部においてもまた存在する。この発達のなかで、快原則への考慮は既に遠ざけられている。あるものが

『よい（おいしい）』性質をもっており、したがって自我の内に迎え入れるにふさわしいかどうかだけが大事なのではなく、そのものが外の世界に存在し、欲すればそれを捕まえることができるかどうかが問われるのだと、経験によって教えられているのである」[9]。

フロイトによれば、自我は外的なものの実在を確信することを欲している。「快自我」が現実に何かを投げ出したり拒否したりすることができるためには、自我にとって排除が決定的なものとして現れていなければならない。拒絶されたものが回帰してくる可能性があってはならない。主体が確信していることは、排除されたものが在るということではなく、排除されたものが現前の外部に排除されているということにほかならない。排除対象の幻想上の、さらには空想上の実在性。「それは存在しない」と言うことは、もともとは、「この物の存在は排除されている」ということを意味している。存在論的に禁じられているものとしてのみ、在ることが容認されている。ここでもまた、フロイトが引いた事例における母親の実在性は、現前しえないものの実在性である。「私の母親は、現前の外部にいる」――現働化なき可能態。否認は、主体が二つの矛盾する態度、すなわち公然と隠すこととそうと知らずに隠蔽することとの交差するところに立つことを可能にする。

この二重の態度とは反対に、否定的可能態は主体が欲するものではないし、主体が何かをなしうるものでもない。そこでは、包接も排除もその一切の意味を失っている。フロイトは、その著作の最後で、こうした喪失状況に接近しているように見える。否認が裏返しの肯定に還元しえぬものであるとしたら、それが否定性に対して本当の可能性を残しているのだとしたら、それはまさに、否認が受動的であるか能動的であるか、故意の隠蔽であるか否か、患者は否認を止めることができるか否かを知ることができないからである。

---

(9) *Ibid.*, p. 169.〔同前、五―六頁〕

精神分析家が対象の存在を示唆しても無駄である。患者はいかなる場合でもその仮説を受け入れず、それを受け入れることなく承認する。患者は自らの否認に執着する。そして、それについてはもうなす術がない。フロイトの晩年のいくつかの著作は、この点に関して非常に明晰である。否認は、「排除(*Verwerfung*)」にまで至ることがある。つまり、患者が自分自身の抵抗を意識することを拒否するのである。さらに、一九二五年の著作は二種類の衝動についての考察によって閉じられている。フロイトは次のように記す。「統合の代理としての肯定はエロスに属している。排出の継承者である否定は破壊衝動に属している」。さらにフロイトは、この後者(否定)は「多くの精神病患者に一般的に見られる拒絶反応によって説明可能である」[10]と述べている。こうした極端な事例においては、否定的可能態は、純粋かつ単純に破壊衝動と同じものとなる。否定性は無化となるのである。

しかし、否認が破壊または無化の衝動に変形する危険性をもつという認識は、それでも、破壊的可塑性の存在を把握し承認するところへとフロイトを導かなかった。無化は勝利しない。拒絶されたもの、現前しないものは、意味をもち続ける。排除されたもの、存在論的のけ者は「無」ではない。そこにこそ精神分析の可能性がある。精神分析をトラウマの神経学的理論から根底において遠ざけている、この可能性は何に由来するのであろうか。それは、何の可能性なのだろうか。それがなおも保持しようとしているもの、すなわち肯定しようとしているものは何なのか。

ここで、可能性と否認を結びつけている構造的つながりに立ち返ってみなければならない。否定的可能態——現前にいたることのないもの——は、肯定的可能態——これは精神分析家が語る可能態である（「いやしかし、それはあなたの母親なのです。そうであることはまったく可能なことです。たし

（10） *Ibid.*, pp. 170-171.〔同前、七頁〕

かにそれは、あなたの母親なのです」）――の傍らに切れ込みを入れ、それによって未来を与える。否認するということは常に信仰の行いに関わっている。それは、また別の可能性の始まりに対する信仰、現実に起こったことの現実的で歴史的な源泉とはまた別の源泉に対する信仰として定義することができる。私が何かを否認する時、つまり私が明らかな事実を否定する時、私はそれを肯定することができないまま、すべてが別様でありえたこと、すべてが別の形で生じ得たことを仮定している。例えば、私はもう一人の母親、もうひとつの出自をもっていたかもしれない。その時、「私の母、それは彼女ではありません」と言うことは、「私の母はあなたが思っている人ではありません。また別にいるのです。また別にいたかもしれないのです」ということを意味している。否認は、そうとは自覚せぬままに、もうひとつの歴史の可能性を開いているのである。

否認されたもの、現前してはならないものという身分は、隠された問いの存在を明らかにしている。提起されえない、しかし同時に、どのような心的現象に対しても提起されざるをえない問い。すなわち、もしほかのことが、まったく別のことが、実際に起きたこととは完全に違う、驚くべきことが起こったとしたらどうだっただろうという問い。それはまさに、知ることのできないことである。しかし、それは同時に、可能なものと見なさずにはいられないことでもある。

人が拒絶するもの、排除するものは常に、何らかの形で、まったく別の出自に対して覚える眩暈ではないだろうか。吐き出されるものとは常に、自分が今そうではないものであり、幻想の上で、そうでありえたかもしれない自分についての問いをもたらすものではないだろうか。禁じられた問い、否定的な形で可能となる禁じられた問いは、すべての歴史、すべての発現、すべての生成過程の核心に宿っている。この先にあるものではなく、あり得たかもしれないもの。ヘーゲルが現実性の名のもとに軽視した、けれども、否認の名のもとに存在する問い。否認は、誕生の概念それ自体が動揺する、この奇妙な場所に誕生する。まったく別の出自についての問いは、現実に可能なものを執拗に問い直し、それを掘り下げ、超え出てしまう問いであり、通常人はそれを早々に振り払ってしまう。「そうだったかもしれないことに、いつまでもこだわってないで」、「現状を見ようよ」、「歴史をやり直すことはできないんだ」などと言って。しかしそれでも、常に別の可能性を、別の必然性を考えてしまうのではないだろうか。そうではなかったけれど可能であったものと見なされる、もうひとつの出自のことを。今あるものを裏書きする、この現前せざるものの外縁、現実性の周辺をとりまく、そうであり得たものの否定的な光輪《オーラ》。それが絶えず回帰してくるのだとすれば、いったいどうすればよいのだろうか。

この回帰は、一面においてまさに、否定的なものの容赦のない厳しさを意味しており、フロイトはそれを、反復強迫と名づけている。心的外傷を負った場面を再現しながらも、人は同時に、またただちにその否認を、すなわち何も起こらなかったのだという可能性を呼び戻す。言葉にされているか否かにかかわらず、明示的であるか否かにかかわらず、私たちがまったく別様のことに向けて投げかける問い――「それが起こらなかったとしたらどうだろう。別のことが起こっていたとしたらどうだろう」――こそが、反復強迫の様態、自動的かつ盲目的な手続きであり、それは語り直す、またはやり直す機械の産物なのである。

同時に、他面において、まったく別の可能性、まったく別のヴァージョンについての問いは、機械的で衝動的な回帰が生じていることを示すだけではなく、予期、他の存在様式の到来への予期を示すものでもある。現実から排除された存在様式への予期。約束されたもの、永遠に保留される、来るべきものの存在様式への予期である。人が拒絶するもの、排除するもの、否認するものとは、予期されている可能態、思いがけないものの源泉である。

したがって、否認とともに、歴史のなかに歴史なきものが開かれる。フロイトは『制止、症状、不安』のなかでそれを「なかったこと」[11]とも呼んでいる。ある意味で、この到来しなかったもの、生じなかったもの、抑圧されたもの、あるいは吐き出されたものは、それ自体の内に、最悪のものの可能性を宿している。さまざまなノスタルジーやルサンチマンは皆、おそらくここに根ざしている。推定された架空の出自を現働化しようとすること、そうであったかもしれないものに権利を与えようとすること、そうであったかもしれないものをそうあるべきものへと変形することは、暴力的な心理的ふるまいである。現実がはじめから排除してしまったものを存在させようとすることとは、実際には、破壊衝動、死の欲動とひとつのものなのかもしれない。

同時に、この態度はまた、最小悪の態度でもある。否認が、いかなる開示によっても、証拠によっても、現前によっても損われることがないとしたら、否認が常に事実による検証に抵抗するのだとしたら、それは否認が絶大な信頼を示しているからである。素朴で絶対的な信頼、可能態に対する無邪気な信仰、それ無くしてはごく単純に生きていくことができなくなってしまうであろう、脆弱でありながら無条件の信念。

ところでまさに、私がここで明らかにしようとしている可能態は、そのような生き方を不可能にする可能態である。否認のもとでの可能態、つまり、まったく別の出自に対する執拗で揺らぐことのない信仰は、未来をもたらすものの一切に対する約束や信念や象徴的構成を拒絶する破壊的可塑性のもとでの可能態とは異なる。約束の構造は解体不能であるというのは、真実ではない。来るべき哲学は、このメシア的構造が解体する空間を探求しなければならない。

(11) Freud, *Inhibition, symptôm et angoisse*, trad. Joël et Roland Doron, P.U.F., coll. « Quadrige », 1993, p. 34.〔フロイト、大宮勘一郎・加藤敏訳、「制止・症状・不安」、『フロイト全集19』、岩波書店、二〇一〇年、四七頁〕

フロイトによる否認の発見は、間違いなく、こうした解体の分析に向けての、破壊一般についての思考に向けての、決定的な一歩をしるしている。しかしながら、ここまでに見てきたように、それはまだ救い、贖い、まさにその時点において逆説的な心理的メシアニズムの一様式に執着し続けており、そこに否定的な治療的反応が生じることを仮定してしまっている。これに対する抵抗が生じることを認めまいとすること、それは、まだすべてが可能であると信じること、まったく別の出自がありえると信じること、その考えにこだわり続けることである。破壊的可塑性はまさに、たとえそれがあとから見た《ア・ポステオリ》可能性であったとしても、他の可能性を考えることを禁じる。破壊的可塑性は、すでに起こったことを変更しようとする、歴史のなかに別の歴史の幻想を組み入れ直そうとする、執拗で癒しがたい欲望とはまったく別物である。破壊的可塑性は、そうでもありうるもの、そうでもありえたものの名において現にあるものを拒絶し、抜け穴を開こうとする無意識の計略にはまったく対応していない。

病態失認――患者が自らを病人と認識することができなくなるような脳の病理――をともなう否認は、フロイトが言う意味での否認ではない。患者が自分の左半身が麻痺していることを認めない時、重い脳卒中のあとに苦痛も不安も感じない時、その人は、無意識の内に計算して見えない状態を作り出すという感情的な命令にしたがっているわけではない。その人は、それを見ることができないから見ない、ただそれだけである。

破壊的可塑性は、すべての可能態が尽きてしまったところから、作動を開始する。一切の潜在性がとうに失われてしまった時、大人のなかにあった幼年期が消えてしまった時、全体のまとまりが破壊され、家族の精神が消え去り、友情が失われ、絆が消失してしまった時、砂漠のような生はその冷淡さを強めてゆき、そのなかで破壊的可塑性が作動する。

否定的可能態は、自らを使い尽くすまで否定的なものであり続け、決して現実のものとならず、しかしまた非現実のものにもならない。それは、何も欠くことのない主体の心的外傷後の姿――欠如すら欠いていない、とラカンならば書くだろう――の内に宙づりにされ、最後まで、自己に対する不在を起点に構成されるこの主観的な姿を取り続ける。否定性に関する精神分析学の展開は、今のところひとつとして、こうした可能性に接近することができない。

変身用の衣装箱のなかに身にまとうべきものを見いだし、思考不能な無から出現する自己に形を与えること。再生ではない、第二の誕生の謎。そこに、これまでに語られたことのない出来事性と因果連関を思考しようとする哲学の困難がある。それらは、逆説的にも、出来事の思想にも、心的病因に関するいかなる理論にも、まったく依存していない。心的宿命に関する一切の概念の外部に存在と偶発事の関係を打ち立てることによって、破局の予期せぬ突然の到来の重要性を指摘することによって私は、純粋な出来事の思想や、不意打ちの崇拝を擁護しようとしているわけではない。まったく反対に、私は、偶発事が、ある意味で自己が展開されていくことだけを予期している同一性の呼びかけに応えていると考えることを拒否する。私はついに断固として、「本質化することは危険である」(12)と認識する。それは、本質化がさまざまな偶発事をいつも不完全な形で均《なら》していくロードローラーであるから、というだけの理由ではない——偶発事は常に、後験的《ア・ポステオリ》に、本質それ自体を脅かすのだ。それだけでなく、またとりわけ、ハイデガーが主張するところ(13)とは

(12) Henri Michaux, *Misérable Miracle*, Gallimard, coll. « Le Point du Jour », 1972, p. 151.〔アンリ・ミショー、小海永二訳、『みじめな奇蹟』、『アンリ・ミショー全集Ⅳ』、青土社、一九八七年、二〇四頁〕

(13) 例えば、『存在と時間』(*Être et Temps*, trad. François Vezin, Gallimard, coll. « Bibliothèque de philosophie », 1986, §81, p. 490〔マルティン・ハイデガー、熊野純彦訳、『存在と時間(四)』、岩波文庫、二〇一三年、四〇六頁〕を参照。「時間についての広く流通している(非本来的な)了解が成し遂げてしまう隠蔽は、世界の(本来的な)時間を均してしまうのであるが、その隠蔽は偶発的なものではない(*ist nicht zufällig*)」。

反対に、存在の歴史それ自体が、おそらく、ひと連なりの偶発事でしかないからである。それらの偶発事は、それぞれの時点で、回帰の希望もなく、本質の意味を危険なまでに変形させていくのである。

訳注

〔一〕「否認（Verneinung）」：フロイトの著作における Verneinung は、「否定」と訳されることが多い（高橋義孝訳「否定」、『フロイト著作集3』人文書院、一九六九年。石田雄一訳「否定」、『フロイト全集19』岩波書店、二〇一〇年）。マラブーが参照している『精神分析用語辞典』（Jean Laplanche et J.-B. Pontalis, *Vocabulaire de la Psycanalyse*, P.U.F., 1967）の日本語訳（村上仁監訳、みすず書房、一九七七年）でも、人文書院版『著作集』の邦題を尊重して「否定」と訳されている。ただし同書では、Verneinung は非常に多義的で、「フランス語の読者」にとっては「négation（否定）」を指すのか「dénégation（否認）」を指すのかが曖昧に思われるに違いないと記される。本書においてマラブーは、Verneinung をフランス語の dénégation に対応させたうえで、dénier（否認する）と nier（否定する）を区分して用いている。この区分に応じて、ここでは「否認」と訳出する。

訳者あとがき

本書は、Catherine Malabou, *Ontologie de l'accident, Essai sur la plasticité destructrice*, Éditions Léo Scheer, 2009. の全訳である。

誰もが知るように、人生は思いがけない出来事に満ちている。私たちは将来に夢を抱き、来るべき明日を予期しながら生きているが、現実は思い描いた通りにはならない。その時、人はしばしば驚きや失望を味わう。しかしそれでも私たちは、そこに描き出されていく軌道を、自分自身の人生として進んでいくことだろう。

その意味で、人生は川の流れのように移ろう。

しばしば人々が口にするこの比喩表現の内には、生の時間性、その可変性と持続性についての、広く共有された観念が表されている。川の流れに身をまかせるということは、予見することのできない、自分の意志ではコントロールしきれない事の成り行きにしたがって生きてゆくということである。人はいつもあらかじめ定められた水路を進むのではなく、アクシデントに遭遇し、時には予想もしなかった方向へと押し流されていく。しかし、そこにどれほどの紆余曲折があっても、最後まで途絶えることのない一筋の流れを見いだすことができる。人生は、絶え間ない変化の内にあるとしても、その軌道の同一性は決して失われることはない。そう信じてこそ、私たちは人生という不確かな旅路を歩み続けることができるのだろう。

しかし、人が常にひとつながりの流れのなかに身を置いているということは、本当に確かなことなのだろうか。私たちは時に、生活のなかに断絶を呼び起こすような偶発的な出来事（accident）を経験する。例えば、重い病いに苦しむ内に、人は著しく相貌を変えていくことがある。苦痛な出来事に見舞われて、人格までが変容してしまったように見えることもある。それでもその人は昨日と変らぬその人であり続けているということを、無条件に信頼することはできるだろうか。言い換えれば、過去との決定的な断絶の上に生じる変形はありえないのか。カトリーヌ・マラブーが、「破壊的可塑性（plasticité destructrice）」という概念に基づいて、ひとつの答えを示そうとしているのはこの問いである。

「可塑性（plasticité）」は、彼女の博士論文である『ヘーゲルの未来』（一九九四年）以来ずっと、マラブーの哲学的探究の中心に置かれてきた主題である。この著作では、テクストの緻密な読解のなかから、「時間性」に関するヘーゲルの思考を体系的に理解することを可能にするものとして可塑性の概念が発見される。「可塑性」は、主体が、外部からもたらされる作用を被りながら、同時にそれを主体の内部からの変化へと変換することによって自らを形作り続ける様を指している。「形を受け取り、同時に与える」ことによる自己造形の過程。ある時点で獲得された「形（forme）」は、自己の内に保存され、習慣の反復を通じて定着し、新たな作用に抵抗しつつ、しかしこれに応じて自己を変形していく。その意味で、可塑性は「受動性と能動性の媒介項」

（西山雄二訳『ヘーゲルの未来』未來社、二〇〇五年、八八頁）をなしている。さらにそれは、人間存在の「時間化」の様式、「主体性のなかで作用している予期の構造」（同、三八頁）を示すものでもある。可塑性の過程にある主体は、何かが到来することを確信しつつ、同時に何が到来するのかを知らない。この必然性と偶発性の交差する時間の内にある「予期」の構えは、「予見＝不測（voir venir）」という言葉で表される。文字通りには「何かがやって来るのを見ている」ということを指すこの慣用表現には、既に何かが見通されているという「予測可能性」と、それが来てみなければ分からないという「予測不可能性」の双方が含意されている。「出来事の到来が予見されつつもこれに驚かされるような時間性」（同、「訳者あとがき」三六〇頁）こそ、主体の時間化の構造である。かくして主体は、線状的で客観的な時間とは別の次元において、何ものかの作用に応えつつ、自己を彫刻し、自らに形を与え続けるのである。

さて、この時私たちは、可塑性が「肯定性」と「否定性」、形の「創出」と「消滅」の二面性に性格づけられることを理解することができる。「可塑性の過程」は、「形の取得とあらゆる形の消滅、発現と爆破といった諸作用が矛盾しているという点においいて弁証法的である」（同、三七頁）。可塑性は、取得された形を凝固させる働きと爆発させる働きとを同時に果たすことによって、未来を開き続ける。「形の現出と無化のあいだで、可塑性はその自己産出と自己破壊の可能性を孕んでいる」（同、二八七頁）のである。この時点ですでに、マラブーには、変形の「爆発的（explosif）」な一面への認識があったと言えるだろう。しかし、『ヘーゲルの未来』では、「現出と無化」「産出と破壊」の同時性、同一性が強調され、その均衡の上に「可塑性」が成立しているという考え方を逸脱していなかったように見える。

しかしその後、「可塑性」は、ヘーゲル哲学の理解の鍵となる概念であることを超えて、さまざまなテクストを読み解いていくマラブーの読解のスタイル、その「運動図式（schème moteur）」としても位置づけられていく。この言葉を結び目として、現代哲学にとって欠かすことのできない諸概念、とりわけヘーゲルの「弁証法」、ハイデガーの「解体」、さらにはデリダの「脱構築」が接合されていく。生命と精神の可塑性をめぐる可塑的な読解の展開。そのなかで彼女は、自己再編の過程で「肯定性」と「否定性」の均衡が破れていく可能性について思考し始める。

思考の転換を促したひとつの契機は、脳神経システムの構造を次第に明らかにしつつある神経科学への接近であった。これによってマラブーは、感情と理性の物質的な基盤の理解が人間の科学において不可欠であること、そして、思考と人格性を支える脳神経システムには大きな変形の可能性、すなわち「可塑性」が備わっていることを認識する。「脳の『可塑性』とは、シナプスがその伝導の性能を修正する能力を有することを指している。実際のところ、シナプスは固定されているものではない。この点において、シナプスは神経情報の単なる伝達者ではなく、ある意味で、その情報を形作り、その形を変える力を有している」(*La Plasticité au soir de l'écriture*, pp. 110-111)。神経循環のシステムは、知覚や学習の活動によって要求されて、シナプスの接続の形を修正することができるのである。

こうした知見をふまえて、マラブーは、「思考と存在の物質的な組織化」(*ibid.*, p. 113)において「可塑性」の探究を進めていく。そして、『新たなる傷つきし者』(二〇〇七年)においては、神経生物学の知見からフロイトの精神分析学に批判的な考察を加えつつ、「それまでの同一性の形式が消去され、別の存在形式がつくりだされる」（平野徹訳『新たなる傷つきし者』河出書房新社、二〇一六年、訳書一二頁）ような「変容（mutation）」が起こりうることが主張されていく。この「同一性の解体をつうじて心《プシュケ》が形成される作用」を、マラブーは「破壊的可塑性」と名づける（同、一八—一九頁）。

精神分析学と神経学はともに、ひとつのシステムが、システムの内外から生じる偶発的な出来事を経験しつつ、いかにして自己を（再）組織化していくのかを考えている。「システムの自己調整機能」と「この機能を阻碍する偶然的要素の侵入」を同時にとらえようとしている点で、二つの学は同型の問いを発している。言い換えれば、両者はいずれも、心的システムの可塑性を想定し、その持続と変化の様相を明らかにしようとするのである。ただし、その際にフロイトは、「心の形成作用の不滅性」（同、九七頁）、すなわち、発達の初期の段階で作られた心的形式が、その後の諸段階を通して変化しながらも持続しているという前提を手離さない。「原始的な心の状態」は、その後の発達過程において、どれほどの変形を被っても失われることがない。したがって、フロイトが語る「可塑性」は、「変形するが溶解しない形式がもつ特性」（同、九八頁）として理解される。

しかし、神経病理学は、精神分析学のこの基本前提に異議を唱える。脳神経への打撃は、神経回路の結合を切断し、その結合の様式を新たな形に変換してしまうことがある。この時、シナプス結合の改変作用は「脳の構造を根底からくつがえ」（同、一〇六頁）しかねない。その場合には、先行段階との連続性を完全に失った、新たな同一性が創出される。「かつての面影を持たぬ主体」の突然の出現がありうる。ここに見られる「可塑性」は、「再構成の可塑性ではなく、喪失をきっかけに本人不在という新たな同一性を形成する」（同、八四頁）のである。

こうした破壊的再編の可能性を認めた時、可塑性の二つの様相が区分される。偶発的な出来事を受け止めつつ、過去のシステムの構造との連続性を保ったまま、自らの形を作り変えていく「構築的可塑性」。これに対して「破壊的可塑性」は、過去の経験の痕跡を「暴力的に消去」してしまいかねない「危険」との遭遇によって、「起源も記憶ももたない同一性が形成される」（同、二三三頁）過程である。

本書『偶発事の存在論』では、『新たなる傷つきし者』で示された「可塑性」の二つの現れを、神経生物学や精神病理学の領域にとどまらず、いくつかの文学作品にまで例を取りながら、人々が経験するさまざまな「変貌（métamorphose）」の局面に広げて考察している。マルグリット・デュラスが若き日に突然被った「変貌」、マルセル・プルーストが描出したゲルマント家のパーティに集まった人々の「老い」、さらには、トーマス・マンがある上流ブルジョアの家系の「没落」の過程で描いた、「突然の死」と「緩やかな死」。こうした一連の変容過程の分析的記述は、爆発的変形の可能性が私たちの誰の内にもあることを教える。「老い」や「死」という誰にとっても避けることのできない過程のなかに、「漸進的な変容」と「突然の変形」という二つの様相が存在しており、互いに錯綜しながら、それぞれのリズムで現働化していく。その記述は「生の時間性」、その持続性に関する私たちの信頼を揺さぶる力をもっている。

本書を読みながら、私は、自分が最後の瞬間まで自分自身でいられるだろうか、と自問してみる。だが、それは結局のところ、私には分からない。私は、それに対する答えをもたらしうるような場所に置かれていない、と言うべきだろう。さしあたり確かなのは、私が私でなくなってしまうような「変形」が起きることなどありえない、とは言い切れないということだ。私の生存を可能にしている、そして私の思考に形を与えている「可塑性」の過程それ自体は、私の意識野には現前しない。そして、私が遭遇するであろう出来事が、「構築的」な変容をもたらすのか、「破壊的」な力をふるうのかは、私自身の意識的努力によっては左右できない。その意味で「私」は、しなやかに生の形を変えていく強さを持ちながら、その同一性についてはきわめて脆い基盤の上に立っている。

破壊的可塑性についてのこの認識は、しばらく前から私自身が感じている深い懸念に呼応する。実際に、私は自分の身に何かが起こることを、「不測」のままに「予見」している（voir venir）。決して小さくはない、予見不能で統制不能な変化を、私は待ち受けている。その予感だけは確かで、それはいささか私を怯えさせている。しかし、私が今の私としてあるということが、それ自体において「偶発事」であることを否認できるだろうか。その事実は、私だけでなく、私たちの誰もが、この不確かな世界のなかで生き延びていくための基本前提をなしている。そして、その認識は、しばしば破壊的な力を被ってしまう私たちの生を、互いに支え合うための条件になるだろう。生命の偶発性についての認識から、私たちはどのような「人間の未来」を開いていくことができるだろうか。

本書の訳出にあたって、法政大学社会学部の同僚である高橋愛先生、神奈川工科大学の小田切祐詞先生に貴重な助言をいただいた。また、出版にあたっては、法政大学出版局の前田晃一さんにお世話になった。記して、感謝の言葉を述べたい。
ありがとうございました。

二〇二〇年三月二七日

鈴木智之

索引

サ行

タ行

ナ行

ハ行

マ行

ヤ行

ラ行

《叢書・ウニベルシタス　1116》
偶発事の存在論
破壊的可塑性についての試論

2020年4月30日　初版第1刷発行

カトリーヌ・マラブー
鈴木智之 訳
発行所　一般財団法人　法政大学出版局
〒102-0071 東京都千代田区富士見 2-17-1
電話03(5214)5540 振替00160-6-95814
組版：HUP　印刷：ディグテクノプリント　製本：積信堂

ISBN978-4-588-01116-0

著　者

カトリーヌ・マラブー（Catherine Malabou）

1959年生まれ。キングストン大学近代ヨーロッパ哲学研究センター教授。著書に、『デリダと肯定の思考』（編著、高橋哲哉、高桑和巳、増田一夫訳、未來社、2001年）、『ヘーゲルの未来──可塑性・時間性・弁証法』（西山雄二訳、未來社、2005年）、『わたしたちの脳をどうするか──ニューロサイエンスとグローバル資本主義』（桑田光平、増田文一朗訳、春秋社、2005年）、『新たなる傷つきし者──現代の心的外傷を考える』（平野徹訳、河出書房新社、2016年）、『明日の前に──後成説と合理性』（平野徹訳、人文書院、2018年）などがある。

訳　者

鈴木智之（すずき・ともゆき）

1962年生まれ。法政大学社会学部教授。著書に、『村上春樹と物語の条件──『ノルウェイの森』から『ねじまき鳥クロニクル』へ』（青弓社、2009年）、『眼の奥に突き立てられた言葉の銛──目取真俊の〈文学〉と沖縄戦の記憶』（晶文社、2013年）、『死者の土地における文学──大城貞俊と沖縄の記憶』（めるくまーる、2016年）、『ケアとサポートの社会学』（共著、法政大学出版局、2007年）、『ケアのリアリティ──境界を問いなおす』（共著、法政大学出版局、2012年）。訳書に、A・W・フランク『傷ついた物語の語り手──身体・病い・倫理』（ゆみる出版、2002年）、B・ライール『複数的人間──行為のさまざまな原動力』（法政大学出版局、2013年）、C・マラン『熱のない人間──治癒せざるものの治療のために』（法政大学出版局、2016年）、G・サピロ『文学社会学とはなにか』（共訳、世界思想社、2017年）などがある。